edition taberna kritika

Die edition taberna kritika wird vom Bundesamt für Kultur
mit einem Förderbeitrag für die Jahre 2016-2018 unterstützt.

René Hamann
Die Suche nach dem Glam

http://www.etkbooks.com/

Gestaltung: etkbooks, Bern
Coverzeichnung: René Hamann

Bibliografische Information der Deutschen Nationalbibliothek:
Die Deutsche Nationalbibliothek verzeichnet diese Publikation in der Deutschen Nationalbibliografie; detaillierte bibliografische Daten sind im Internet über http://www.dnb.de abrufbar.

ISBN: 978-3-905846-46-1

René Hamann

Die Suche nach dem Glam

edition taberna kritika

SOME DANCE TO REMEMBER
SOME DANCE TO FORGET
The Eagles, Hotel California

DIE SUCHE NACH DEM GLAM

1

Eine Reise beginnt. Die Suche nach dem Kitt. Die Suche nach dem Heroin. *Die Suche nach dem Glam.* Glam kurz für Glamour. Wo findet sich dieser Stoff, der alles besser macht, das Pulver, der Feinstaub, der alle Bedeutung erhöht? Der Zauberstoff, der festklebende Sternenstaub?

Ein Hotel am Rande der Stadt. Pink gestrichene soziale Räume. Verschwommene Möbel, Stehlampen, flüssige Musik. Von der Decke hängen Fotos von Paris Hilton. Auf eine Leinwand wird ein Bogart-Film projiziert, in rauchfreier Version (»Smoke-free edition«). Es ist ein schwüler Maitag am frühen Abend. Die Luft ist warm, aber sie steht nicht. Von oben kommen Knarzgeräusche, von draußen ein leises Zirpen. Kirsten kommt die Treppe herunter, auf dem Oberarm hat sie eine Palme tätowiert. Kirsten stöckelt durchs Foyer des Strandhotels und lächelt. In der rechten Hand, steif, hält sie eine Zigarette. Sie erkennt mich, ich sehe fremd aus. Ich stehe aus einem roten Ledersessel auf, strecke die Hand aus und wechsele ein paar Worte mit ihr. Kirsten frischt ihr Deutsch auf. Wir reden über ihre Großmutter, über weit entfernte Landschaften, über deutschen Kaffee und kalifornische Orangen, über ihre Filme reden wir nicht. Ich gebe ihr einen Zettel mit Sätzen. Sie wird sich, so hoffe ich, einige dieser Sätze merken. Wir verabreden uns für den nächsten Tag. Zum Abschied schenke ich ihr ein Buch: *Der Tod in Venedig.* Im Originaldeutsch. *Death in Venice,* heißt das Buch auf Englisch, sage ich zu ihr, sie denkt an den Strand, an Venice Beach. Dann erinnert sie sich, den Film gesehen zu haben. In einem ehemaligen Pornokino in New York. Sie macht eine Geste, sie führt die Hand an die Stirn und lacht. Dann sucht sie einen Aschenbecher, ich sage, nehmen Sie den großen, das machen hier alle. Sie schüttelt den Kopf, undenkbar, den großen zu benutzen. Sie findet eine Vase.

Eine bleiche Frau, fast albinohaft. Mit wasserblauen Augen hinter einer runden Brille mit hellem, brauntönigen Rand. Sie ist etwas verhuscht, etwas schüchtern. Da ich sie will, da ich sie wirklich will, komme ich mit meiner eigenen Schüchternheit besser zurecht. Die Frage nach der Arbeit. Die Frage der Arbeit. Wie alle wünscht sie sich, weniger arbeiten zu müssen. Alle wollen weniger arbeiten. Weniger Arbeit. Die Hälfte der Arbeit, das doppelte Honorar. Man kommt auch schlechter in die Arbeit, je länger man fortgeblieben ist. Wir wollen weniger Pädagogik. Weniger Pädagogik und weniger Arbeit. Sie verschwindet, wie sie immer verschwindet, in einen Rückraum, oder auf den Rücksitz, oder die Treppe wieder hoch. Ich sehe ihr nach. Ich sehe ihr nach, wie ich ihr immer nachsehe. Am Ende haben wir uns geduzt, zumindest auf Englisch. Ich sehe die hellbraunen Sohlen ihrer Schuhe. Ich sehe ihre Waden, die selbstredend sexy sind. Schwitzt sie? Tropft es auf das dunkle Holz der Treppen?

Thomas Mann, Tagebuch:
Pacif. Palis., Dienstag den 18. I. 1944
Beschwerliche Hitze. Schrieb an X, war müde. 12 Uhr geholt von Singer zur Portrait-Sitzung. Nahm Portwein mit. Brief von der Meyer, erfreulich vernünftig. Brief von Bermann: Schwierigkeit der Papierbeschaffung für den deutschen Joseph hier. Im "Aufbau" Artikel M. Georgs meiner deutschen Sendung zustimmend. "Dokument weitblickenden Realismus". Fuhren nach dem Thee zu Heinrich und blieben bei ihm eine Stunde. Las abends in Hagens Buch "Germany after Hitler". – Der Pravda-Coup blieb mysteriös. Der Rest der Sowjetpresse ignoriert ihn.

Ob Kirsten weiß, wo der Glam steckt, oder ob sie, wie so viele Schauspielerinnen, überhaupt nichts weiß. Aller Speicherplatz belegt von Fremdtext. Sie wirft mir noch ein letztes Lächeln zu und betritt eines der vielen Zimmer. Ich habe ihr mit dem Buch meine Visitenkarte, die einzige, die ich habe, überlassen, ich habe gesagt, da wären demnächst ein paar gute Bands in der Stadt, kein Rockmüll, sondern wirklich gute Musik, wenn sie Lust hätte… Sie nickte flüchtig, auf den Ausdruck *Rockmüll* (»trash rock«) hat sie nicht reagiert. Jetzt ist sie verschwunden, irgendwohin, auf ihre eigene Etage, in das Loch ihrer Prominenz, wo sie sich mit Agenten trifft, Castingtermine wahrnimmt. Ich schaue auf einen kleinen Bildschirm, die Sonne blendet, ich empfange Kurznachrichten aus der grauen Hauptstadt des grauen Lands, aus dem ich komme.

2

Schreiend bunte Farben, die knospenhaft ausströmen. Flecken im Sichtbild. Strände des Widerstands. Bastkörbe, Strandverkäufer, Fahnen, starrende Hunde. *Ein Himmel schön wie Drogen.* Thomas Mann sitzt am Strand, in Kniestrümpfen. Im Kopf die olle Heimat. Warum eigentlich, warum kaum ein Blick auf die direkte Umgebung, warum kein *Das Leben in Pacific Palisades*? Schiffsbewertungen. Der Traum der Königstigerin, der Traum des Löwen. Nämlich Glück als Fluchtpunkt. Ein hellblonder, langer, breiter Strand, und ein ruhiges, glattes Meer, das sanft wartet und nur allmählich tiefer wird, jede fünf Schritt vielleicht, und über allem eine hellblonde Sonne. Die Sehnsucht arbeitet. Nachts leuchten die Sterne, man muss sie ja nicht erreichen wollen. Zeitsprünge, später dann Ordnung, so läuft das.

Willi Winkler, *SZ*:
Und das ist der Grund, warum Gott die *Beach Boys* gemacht hat: Sie verbessern die Wirklichkeit, die es dringend nötig hat. In Berlin haben sie ... gegen jede Wahrscheinlichkeit die Illusion erzeugt, es gebe ein weltumspannendes Kalifornien. Das Glück währte leider nur drei Stunden. Draußen war nachher doch wieder nur Berlin.

Ausgeflaggte Cafés, Touristen in Chromstühlen. Oder sie sitzen mit freien Oberkörpern in Sandlöchern herum. In alten Bombenkratern. WHEN IN HOLE, STOP DIGGING. Überall rutscht Wasser herunter. Eine

Blondine in einem dunkelgrünen Bikini bürstet sich. Mir fehlt der Fotograf. Die Logik der Vertrautheit. Mir schien Promiskuität immer ein hohes Gut. Aber für alles gibt es Bedingungen und Kontexte. Fragen, die sich aufdrängen: Was sind sexy Waden? Was ist eine sexy Stimme? Nachts träumt der Autor von notgeilen Buchhändlerinnen. Der Illusion einer panerotischen Weltherrschaft. NACKT WIE NIE. »Sende einfach LIEBE an die 40500.«

you got this strange defect on me
and I like it
you make my world seem wrong
you make my darkness shine, oh yes
I got this strange effect on me
and I like it

Ich gehe über die Straße. Ich wollte überlegen über die Straße gehen, entschlossen, wie von einem guten Song bestimmt. Ich wollte bestimmt wirken, ich wollte in meiner Bestimmtheit wahrgenommen werden. Und ich wollte überlegend über die Straße gehen, sinnlich, wahrnehmend, reflektierend. Aber ich gehe einfach so über die Straße. Ich frage mich, was Kirsten heute macht, ob sie im Auto unterwegs ist, über den Highway zum Set fährt, ihr Gesicht im Autospiegel prüft, ob sie sich Gedanken über die Wirkung ihres Auftretens macht oder nicht. Der Asphalt ist heiß, der Boden schwankt. Die Sonne brennt auf die Häuser herunter. Ich habe keine Pläne für den Nachmittag. Ich könnte jetzt dies, ich könnte jetzt das tun. *Aber oh, welch magisches Gefühl, keinen Plan zu haben.*

Sonnenflecken in der Wasserwelt. Im Hintergrund schimmernder Ozean. Nachdem ich schon was unterwegs war, erreiche ich endlich den Strand, der bereits halb im Dunkeln liegt. Aber es gibt noch Sonnenflecken im Wasser, es verspricht, warm zu sein, warm und ruhig, ich laufe in den Klamotten, die ich trage, ins Wasser und zu diesen Stellen hin. Das Bild hat Spaß versprochen, ich sehe mich um, es sind einige andere da, tummeln sich, es gibt Wasserbälle und Musik, ich will da auch hin, aber so richtig warm ist es nicht.

Am nächsten Morgen steigt die Sonne wieder. Es beginnt eine Zeit, die langsam ist wie der Deckenventilator, der die Luft umrührt. Eine Zeit, die fast steht. Die Armee liegt im Tiefschlaf. Die Bevölkerung reagiert gleichmütig. Alles geht seinen Gang. Weiße Handschuhe weisen den Weg, regeln den Verkehr, klobige Autos gleiten über den Boulevard, darüber strahlender Himmel, Glasbauten ringsum, Fußgänger. Von überall sind Stimmen zu hören, reale Stimmen, Stimmen aus Geräten, Stimmen der Passanten, Stimmen, die aus den Läden, Geschäften und Telecafés kommen. Ein Telecafé als Stadt. Die Stadt als Telecafé. Im Laufe des Tages, mit Einsetzen der Dämmerung, Soldaten. Merkwürdig zu sehen, wie Soldaten, Söldnern, sogenannten *Kämpfern*, zugejubelt wird, mit Fahnen und Autokorsos. Die Soldaten selbst halb lässig in Geländewagen sitzend, rauchend, ohne einheitliche Uniform. Hässliches Kriegsgerät, technische Unmöglichkeiten, dürre Handlung. Was macht ein Spion in einer Bananenrepublik? Herausforderungen gibt es nicht. Ich meine, wann spioniert man jemanden aus? Wenn man es mit einem scheinbar mächtigen Gegner zu tun hat. Ich bin aber nur ein Cortadotrinker in Sälen, in denen bei Krisen beraten wird. Mit Bettlern als Kleinanimateuren. Mit handlichen Instrumenten. Mit einer *Gadgetflotte.*

3

Kirsten schickt eine Kurznachricht, sie hätte es nicht geschafft, sich eher zu melden, jetzt stehe sie am Flughafen und sei wieder für einige Tage unterwegs. Sie melde sich, sobald sie wieder da sei. Sie nimmt die Mittagsmaschine nach Kaliningrad. Urlaub in den Masuren. Sie steht auf der Gangway und dreht sich um. Sie trägt ein merkwürdiges rosa Oberteil mit Blumenmustern, das mit einem altrosa Kopftuch korrespondiert, einem Schlauchtuch, das von einer Schleife gehalten wird. Unter ihrem linken Ärmel wird das Ende einer Tätowierung sichtbar, etwas mit Fischhaut, mit Schuppen, ein Reptil, eine Meerjungfrau, ein Drachen, so etwas. Rot lackierte Fingernägel, ein Ring am rechten Ringfinger, der ein Verlobungsring sein könnte. Vor allen Dingen aber das: Sie trägt Chucks. Dunkelblaue Chucks.

»Was machst du?«

»Ich warte auf den Zufall.«

Das sehe ich aber alles nicht. Oder anders, ich sehe es schon, aber erst später, in der Nachberichterstattung. Ich surfe die entsprechenden Webseiten ab, ich stehe in der Hotellobby und frage nach dem WLan-Zugang. Der Mann an der Rezeption fährt eine Doppelschicht (ich muss mein Verhältnis zur Arbeit überdenken), das WLan ist zu langsam, man empfiehlt mir, die Straßenseite zu wechseln. Drüben ist ein Café, eine Bar mit Hotspot. Ich überquere die Straße, anmutig und selbstbewusst. Die Bar heißt »The Journal«, aber es findet sich kein Journalist darin, außer mir, ich bin dabei, meiner Identität einen Bogen zu geben, das gerundete Ich (»Beruf: Reporter«). Aber warum bin ich überhaupt hier? Um einen Aufsatz oder ein Buch zu schreiben? Oder um mich Kirsten zu nähern? Nach und nach findet sich das lokale Prekariat ein. Das Gastroproletariat. Die noch nicht ausgelernten Hotelfachangestellten, die Liftboys, die Barkeeper der umliegenden Bars, die Rezeptionistinnen, ein Koch, zwei Kellnerinnen. Sie hauen auf die Pauke, geben ihr Geld für Drinks, Kokain, Taxis aus. Auf dem Boulevard sitzt einer auf dem Motorrad seines Freundes, er hat vor, nach Berlin zu ziehen, man müsse kein Deutsch können, um in einer Bar zu arbeiten, habe er gehört. Die Hotelfachangestellte, deren Mutter aus Rotterdam sich im Urlaub in einen Amerikaner verliebt hat; eine Hotelfachangestellte ohne Ausbildung, eine wie in helle Schokolade getunkte Niederländerin. Ich bin hier, um der Gegenwart etwas hinzuzufügen, nicht, um etwas aus der Vergangenheit zu wiederholen. Man kann sich nicht aussuchen, in wen man sich verliebt, das ist ein Satz aus einer romantischen Komödie. *Just a working girl, dreams and disappointments*, zum Rauchen stellen sie sich nach draußen, Kalifornien ist immer noch ein Land, in dem geraucht wird.

Und dann kommen die anderen, die vom Set. *Scheiße, Schauspieler*, da ist irgendetwas an ihrer Art, auf Barhockern zu sitzen, im Neonlicht, und da ist sie und dieser schöne, schöne Mund, und meine zittrige Art, ihre Nähe zu suchen, der Fließtext stockt, der Fließtext ergießt sich über einen anderen Schauspieler, einem netten jungen Mann, der mir irgendwie bekannt vorkommt, mit dem sie kurz spricht, im Vorübergehen, aber diese perfiden Augen, babyblau, und das Geburtsjahr wird nicht so schwer herauszufinden sein, trotz dieser neuen Regeln, der neuen Diskretion, der Geheimnistuerei, obwohl doch alles öffentlich ist, aber das Licht, das pazifische Licht, jedenfalls...

Da sitzt auch der Regisseur, am Nebentisch. Ein verschlagen wirkender Mann Ende 40, mit lose hängenden, ungewaschenen Haaren, von denen es so viele nicht mehr gibt auf seinem Schädel; gesegnet mit einer Wohlstandswampe und in Kleidern, die das Wort *Mode* nicht einmal aus der Zeitung kennen. Also an und für sich schon ein Klischee, und neben ihm sitzt seine Assistentin, Ende 20, klein, zierlich, lange braune Haare, nicht unbedingt eine 1a-Schönheit, aber doch drei, nein, vier Stufen attraktiver als er, und sie streichelt ihm zärtlich den Rücken, denn ja, sie teilen nicht nur die Arbeit, sondern auch das Bett, ein vielsagender Anblick, lang lebe Hollywood.

Und *sie* sitzt mir gegenüber und genehmigt sich einen 15-Dollar-Cocktail. Im Anschluss nimmt sie einen für zwölf. Während sie an ihrem Drink schlürft, nähert sich auf den Straßen der Vorstadt der Verehrer, den sie per SMS und Fort/Da-Taktik hergelockt hat. Die Ablösung. Nur wird dann doch zu oft versucht, das Bein zu tätscheln. Da sie mit nackten Beinen herumläuft, schaue ich mir von meinem Barhocker aus ihre Kniekehlen an, als sie in den hinteren Bereich verschwindet.

Die Affären, die ich hatte, die Affären, die ich nicht hatte. Für einen Moment möchte ich eine der Amerikanerinnen sein, die sich hier so schlau und bebrillt über Kunst unterhalten, oder über Bekleidung, oder den Film, den sie zu sehen, oder den sie zu machen beabsichtigen. Obwohl, sie sehen alle so nach mühsam unterdrückter Lust aus. Wo bleibt der Hauptgewinn? Wo bleibt das Alleinstellungsmerkmal? Ich muss die Füße stillhalten, ich muss investieren, ich muss pragmatisch bleiben.

»Wann habe ich aufgehört, zu meinen Gefühlen zu stehen und warum? Im Grunde bin ich total der romantische Typ. Nimmt mir nur keine mehr ab.«
»Vielleicht solltest du mehr in Richtung George Michael gehen.«

»Meinte meine Mutter auch. Ein glückliches Liebesleben ist besser als immer nur dieser unverbindliche Sex, sagte sie.«

VON DEN MACHERN VON »SÄGE«

Das gibt neues Bildmaterial, reichlich. Bilder von ihr bis zur Scheideninnenwand. Kirsten in grün, in weiß, in blau. *Baby* ganz in blau. Sie trägt Halstuch, hat halblanges blondes Haar, von der Seite kann man ihr Gesicht nicht sehen, sie ist gar nicht zu erkennen. Sie stellt ihre Lederhandtasche zwischen uns und greift zum Smartphone. Ob ich sie mal streicheln soll? Die Handtasche meine ich. Als Baby zum Klo geht, tue ich es – die Handtasche fühlt sich erwartbar ledrig an. Kirsten kommt vom Klo zurück, ihr Lippenstift sieht verzogen aus. Am Anfang ihrer Karriere hat sie in Teenie-Horrorfilmen gespielt. Sie bringt also einschlägige Erfahrung mit. Sie mag es, gebraucht zu werden. Wie eine Maschine. Man kann sie beobachten wie ein Insekt, unter die Lupe nehmen, man kann eine Kamera auf sie richten, sie bleibt souverän, unantastbar, ungerührt. Sie ist durchtrieben, sportlich, sie bringt die nötige Gefühlskälte mit.

4

Irgendwann, es ist ein Montag oder ein Dienstag, wer weiß das schon, meldet sich die Heimat. Die Redaktion schickt unangemessene E-Mails, bittet um baldige Rückkehr. Im Strandhotel werden letzte Fotos gemacht. Ich habe die Wörter wiedergefunden, ich schreibe sie schnell auf. Ich habe nach sensiblen Dokumenten gesucht. Zum Glück meldet die Fluggesellschaft, dass man den Flughafen (Flugzeuge sind eben doch Schiffe, Luftschiffe, weil sie in einem Hafen landen) rechtzeitig wieder schiffbar, wieder flott gemacht hat, die Wörter sehen schön aus, sie sind schmuck und schimmern. Ich schicke sie los. Dann sitze ich in einem Taxi, ich sitze im Transit und schaue durchs Seitenfenster den wackelnden Palmen zu, denke an die einfachen Verhältnisse, aus denen ich kam, und zu denen ich jetzt wieder zurückkehre.

Die Maschine sieht hellgrau aus, ich erkenne sie von weitem, sie deckt sich mit dem Himmel, sie trägt eine Leuchtschrift an der Seite, die ich aus der Entfernung natürlich nicht lesen kann. Ich steige aus dem Taxi und senke den Blick. Ich betrete die Abflughalle und verhalte mich unauffällig. Ich sehe ein Szenemädchen, das auf seinem Koffer sitzt. Einchecken, Passkontrolle, neue Leuchtschrift, unleserlich. Kurz vor dem Flug suche ich die Toiletten auf. Stechende Spiegel, unerbittliches Licht, dabei ungut bedudelt werden, Bob Dylan als Orchestermusik, Musik für Flughäfen. Die Schönheit der Schrift und die Schönheit eines Flugs. Der

Geruch nach Kerosin. Die Förmlichkeit einer Flugbegleitung. *I can see it's raining*, singt mir Edith Frost ins Ohr, während der Paxenbus durch den Wüstenbeton zur Maschine schleicht.

Vor dem Abflug gab es »Die Glasglocke«. Buch des Jahres. Bild des Jahres. Foto des Jahres. Kirsten steht in der Glasglocke, hinter und über ihr blüht ein Strauch, sie trägt nicht viel, nur etwas in blassem Rosa. Die Glasglocke steht in einem Zimmer mit verwelkten Tapeten, einer modernen Haustür (drei ausgeschnittene Fenster) und einem Tisch für zwei. Kirsten hat die Hände gehoben, der Blick entrückt, die Haare golden gewellt, sie lässt tief blicken. Drei Rosenblüten um sie herum.

Abschied von Kalifornien. Kann es etwas Traurigeres geben? Projektionsschmerzen, Turbulenzen in wolkenfreier Luft. Alles löst sich in Krach auf. Zu enge Intimsphäre, und erst allmählich stellen sich Träume ein. Passagiere, die träumen. Wovon träumen sie? Von den Wolken, der Heimat? Oder fragen sie sich: Warum wohnen wir noch mal in Deutschland? Der Sprache wegen? Des Wetters wegen? Der Arbeit wegen. Des Geldes wegen. Der Versorgungsstruktur wegen. Aber immer wieder das Gefühl: Erst wenn ich Palmen sehe, bin ich glücklich.

Es gibt ein Signal. Es gibt ein Zeichen, und die ersten beginnen, in den oberen Fächern nach dem Handgepäck zu kramen. Große Unruhe. Ich muss aufs Klo. Ich bin perfekt leise, während vor der Cockpittür mexikanisches Spanisch geredet wird. Deckenleuchten. Enge. Bilder, an die ich mich in der Stunde des Todes nicht erinnern möchte. Da hängt ein Zettel an der Cockpittür, die Geschichte einer Stewardess. Hoher Leistungsdruck, soziales Umfeld.

Kirsten spricht leise. Sie spricht so leise, dass ich ihr automatisch näher rücke, ihr immer näher kommen muss. Ich rücke ihr auf die Pelle. Nein, es ist sogar so: Ich WILL ihr näherkommen. Ich will nachgerade IN SIE HINEINKRIECHEN. Daran denke ich, während ich auf der Flugzeugtoilette sitze. Decken, Deckenleuchten, Hartplastik. Ein Summen, das in der Luft liegt. Ich bin fertig, öffne die Tür, stolpere zurück an meinen Platz. Die Landschaft draußen sieht aus wie in eine Waschmaschine geraten. Man wird feucht, wenn man da durchfliegt. Anders kann ich es mir nicht vorstellen. Alle sind ruhig. Ein paar lesen, ein paar schauen auf Bildschirme. Psychotrends, verkapselte Männer, Modelllernen. Im Flieger gegen die Flugrichtung sitzen. Im Bord-TV läuft ein Tierfilm ohne Ton: Wildschweine, die neugierig wie Kleinkinder in die Kamera schauen, Waschbären mit Kreislaufproblemen. Vor manchen Fenstern hängen schallschluckende Vorhänge. Vorhänge aus Hartplastik. Die Wolkenwelt dahinter übt sich in Ebenenbildung. Manchmal weist ein Loch etwas flüchtige Landschaft auf. Oder *nach*. Die Flugbegleitenden servieren deutschen Kaffee – eine besonders schwindsüchtige Plörre, vor allem, wenn man portugiesischen Kaffee kennt (von Amerika aus stellt der Kaffee allerdings einen Fortschritt dar). Leider muss man wählen: zwischen Kaffee und Tomatensaft; auch erhalten nicht alle Passagiere das plastikträchtige Menü, nur diejenigen, die *smart* gebucht haben. Auch die Zeit der Bordzeitungen scheint endgültig vorbei zu sein. Ich verachte die Mehrklassengesellschaft zutiefst.

In Köln, Zwischenlandung, sieht man sie alle wieder: die deutschen Typen. Männer in Formanzügen, Bundfaltenhosen, Männer in gestärkten, weißen Hemden. Geschäftsleute, Männer aus dem Politbetrieb. Gekleidet im christliberalen Stil der Deutschen Bahn. Konservativ, aber geschmacklos. So lange solche Leute die Geschicke bestimmen, kann dieses Land nicht schön werden (und ist Verstaatlichung auch keine Option), sondern muss so bleiben wie das deutsche Wetter: grau, kalt, scheußlich.

Der Glam, die Ankunft, der Flughafen, die langgestreckten Bahnen, ein langer, weiter Blick, ein autobahnlanges Blickfeld, die Strecke öffnet sich, der Blick dehnt sich, biegt sich, die Strecke öffnet sich wie eine Steppe, eine Steppe aus Fahrbahnen. Kommende und wieder sich entfernende Lichtstreifen. Einfahrt in einen lang gezogenen Tunnel. Weltraumstille. Ein Lichtbogen, gekachelte Wände, Streifen auf den Fahrzeugen. Das Rauschen der Fahrzeuge, kaum hörbar, Innenraum, Gravitationstunnel, Stringtheorie. Linien, Balustraden, Dunkelheit, dann wieder Licht und Hochhäuser, endlose Bahnen, Pfeile. Wieder ein Tunnel, Fahrzeuge, die sich links und rechts einordnen, Licht und Brücken, Brückenträger, Pfeiler. Am Rand Peitschenlampen, ein Grundrauschen, in das sich verfremdete Geräusche schleichen, ein Grunzen, ein leichtes, schräges Ächzen, Geräusche wie Tierlaute.

5

In der grauen Hauptstadt beginnt der Sommer, schlagartig. Die Bäume schlagen aus, schalten von nackt auf grün um. Man schließt die Augen, man lehnt sich an Wände, man schlendert über einen Flohmarkt. Die Menschen entsorgen ihre Wintermäntel und kaufen T-Shirts aus zweiter Hand. Dort, wo eben noch Schnee lag, stehen jetzt Chromstühle, vor den Parterrewohnungen und

Cafés. Die Geräusche nehmen zu, fadenscheinige Insekten, kleiner als Vögel, sirren mit Kühlschränken um die Wette. Staub lässt sich treiben, Pollen lassen sich von Winden durch die Straßen schieben. Die schnell sinkenden, warmen Luftmassen aus größeren Höhen, dann die schnellen Wechsel. Ich bleibe irgendwo stehen und sehe mir ein frisch gestrichenes Wohnhaus an. *Hier entsteht ein niveauvoll saniertes Mehrfamilienhaus*, steht auf dem übergroßen Schild vor der Baustelle. Gartenanteil und Loggien. Duft- und Behindertengarten. Frauen wohnen im 21. Jahrhundert.

Alltag der Schriftstellerei: Fortwährender Abgleich von Realität, Leben und Text. Verfassen von Texten über Realität, Leben und andere Texte, Verfassen von Texten zum Abgleich von Realität, Leben und Texten. Texte über Souveränität. Texte über Kalamitäten, Empathie und Notwendigkeit. Vielbücherei. Zaubern können hieße, die eigenen Misanthropien auszuleben. Menschen verwandeln, Erziehung ohne Pädagogik, Verschönerung ohne Nachfrage. Die betuchteren Gebiete der Fantasie. Tatsächlich bekommt das alles etwas sehr Unwirkliches, verglichen mit der Realität. Sitzt man vor dem Café als Texter und begegnet den Textverwaltern, den Redakteuren, stellt sich ein Gefühl von unguter Beobachtung ein. Mein Gesang wirkt schief, undeutlich, im Grunde auch lächerlich (ich hüpfe probeweise in ein anderes Leben, als könnte ich nur noch extrem).
Nie wieder ungerächte Geschmacksmusterverletzungen. Eine weiche Freiheit. Ein Kuss im Baumarkt, ein

Rührfilm, eine schöne Gegend mit viel Natur. Die Feuilletonisten verhandeln mit den Obstverkäufern, eine gerettete Welt. Keine Bücher in schwarzen Umschlägen, keine schwarze Pädagogik. Urheberrecht für alle. Die Sonne umgibt sich mit weißen Wölkchen, es ist ein frischer Sonntag. Die Uhrzeiten haben sich geändert. Junge Politische schauen nachsichtig vor sich hin, haben die Schmach vergessen, die Zollabfertigung am Flughafen. Man lehnt sich über ein Brückengeländer über dem Landwehrkanal und sieht den Schwänen zu, wie sie durch die seegrüne Suppe paddeln. Tu den Fandango. Ein Schiffchen namens *Melanie* surrt gemächlich auf die Brücke zu, eine Frau auf dem Oberdeck streckt die Arme aus, möchte die Brückendecke mit den Fingerspitzen erreichen. Eine Lautsprecherstimme versucht, die Stadt zu erklären, die Gebäude ringsum, sie hängt etwas hinterher, die Menschen auf dem Schiff drehen dauernd die Köpfe nach hinten. Ein Schwarm Möwen fliegt auf die Brücke zu und teilt sich in Tiefflieger und solche, die lässig über die Brücke hinweg gleiten, danach finden sich die beiden Hälften wieder. Ein Solarkatamaran, ein so genanntes Flüsterschiff, bleibt unter der Brücke stecken. Keine Sonne, nur Schatten. Die Besitzer packen die Ruder aus. Dann wird es Abend, der Horizont bildet rote Flecken, die leeren Stadtrundfahrtschiffe fahren heim ins Depot.

In der Nacht habe ich eine Gitarre auf dem Rücken, und singe mit Stöpseln im Ohr einen Lemonheads-Hit; ein junger Mann überholt mich und möchte mich gleich für einen Auftritt engagieren, ich gebe ihm meine Nummer. »Into your arms, oho.« *Man muss sich auf etwas einlassen*, sagt dann eine Stimme durchs Telefon, *dann macht man auch keinen Fehler*. Ja, sage ich erstaunt. Ja.

6

Eines Abends im Juni sitzen wir in einem Betonbau mit Blick auf die Hochbahn. Unten auf der Straße operiert die Polizei. Kurz darauf erscheint eine Demonstration. Zweihundert vornehmlich schwarz gekleidete Menschen demonstrieren gegen den Umstand, dass ihr Kulturzentrum an Immobilienmakler verkauft werden soll. Sie fürchten eine Zwangsräumung. Oben im Betonbau findet eine Lesung statt. Der vorgestellte Roman befasst sich mit der Mediengesellschaft. Kritisch, kann man sagen (der Roman ist kein »Fickbuch« und er ist auch nicht »sexistisch«, man sollte ihn schon gelesen haben, bevor man sich ein Urteil anmaßt). Der Autor trägt Brille. Ein schwarzes, schickes Gestell von Chanel. Es gibt zwei zahlende Gäste.

Pierre Bourdieu, Praktische Vernunft:

Jeder Autor nimmt eine Position in einem Raum ein, das heißt in einem ... Kraftfeld, das auch ein Feld von Kämpfen um den Erhalt oder die Veränderung dieses Kraftfelds ist, und insofern existiert er und bestreitet er seine Existenz nur unter den strukturierten Zwängen des Felds ... ; zugleich aber vertritt er den feinen Unterschied, der seine Position begründet, seinen Standpunkt, verstanden als die Sichtweise, zu der man von einem bestimmten Punkt aus kommt, indem er eine der aktuell oder virtuell möglichen ästhetischen Positionen im Feld des Möglichen bezieht ... Als Person auf einer bestimmten Position kann er nicht nicht Position beziehen, sich nicht nicht unterscheiden, und zwar unabhängig von jedem gesuchten Unterschied: Mit seinem Eintritt in das Spiel akzeptiert er stillschweigend die dem Spiel inhärenten Zwänge und Möglichkeiten, die sich ihm, so wie allen anderen, die mit dem Sinn für das Spiel begabt sind, als das darstellen, was "zu tun ist", zu schaffende Formen, zu erfindende Schreibweisen, kurz, als ein Mögliches, das mehr oder weniger heftig zur Existenz drängt.

A patch working class hero is something to be. Oder: Eine Lesung vor zweihundert Krankenschwestern. Mit einem Lied auf den Lippen. Einem Schnuller für den Autor. Der innere Kreis. Eine Motte irrt durchs Licht der Schirmlampe auf dem Beistelltisch, in den Fenstern spiegelt sich Blaulicht, die Münder öffnen und schließen sich. Eine Lesung in einer Buchhandlung, auf spanisch und deutsch. Touristenspanisch. Das nicht weit reicht. Der Gleichklang. Die Differenzen. Die staubigen Bücher, die hier, noch eingeschweißt, nach frischem Plastik riechen. Stühle hängen von der Decke herab. An den Wänden hängen hochgezogene Wohnungsinserate. Dazu das Bild einer Kuh und ein Spruch aus einem Beatles-Lied. Hinter Ihnen atmet die schöne Buchhändlerin. Der vorlesende Dichter wirft kein Plektrum, sondern Markierungszettel ins Publikum. Gelbe Post-Its, sie kommen nicht weit. Flüstern, Tuscheln, leise ratternde Registrierkasse. Hören Sie das? Was sehen Sie? Wenn Sie die Augen schließen, ist dann alles schwarz? Und ist das ein anderes Schwarz als das, welches sie aus einsamen Nächten auf dem Land kennen? Oder aus abgeschlagenen Hotels?

Schriftsteller beinahe unter sich. Die Frage der Bezahlung und wie sie ins Schreiben eingreift. Die Formate. Wie man sie und sich verkauft. Irgendwie hat die Veranstaltung etwas Tristes, oder besser: Sie findet in tristen Verhältnissen statt. Das ist oft so bei Lesungen. Neonlicht, Ingwertee, kaum Besucher.
Sich nach oben schreiben müssen.

Frische Bücher riechen frisch. Frisches Parkett riecht holzig. Normalerweise läuft Dudelmusik aus den Deckenlautsprechern, Musik, die den Raum markiert. Medienverbuchung, könnte das heißen, heißt aber anders. Immer ist etwas schief. Immer stimmt irgendetwas mit der Zeitebene nicht. Regenschirme, Laptops, freie Plätze. Draußen weht ein unmöglicher Wind. In einer Kirche wird *Knocking on Heaven's Door* gesungen. Glauben Sie nicht? Hören Sie mal genau hin. Immer noch nicht? Doch, da hinten, ganz leise. *Knock, knock, knocking.*

7

Ich kann nicht, ich kann nicht, ich kann nicht, heißt es am Morgen vor dem Aufwachen. Ich werde die Prüfungen nicht bestehen, ich muss die Stufe wiederholen, ich muss eine Klasse abwärts. Der Schmerz ist groß, im Briefkasten fehlt die Zeitung, ein Handtuch hat sich von der Stange gestürzt, dennoch wird es ein guter Tag. Dinge verschieben, entscheiden sich. Entscheiden, verschieben sich. Ein Shampoo mit Temperaturanzeige, das wäre eine lohnende Erfindung, vor allem, wenn das Shampoo ständig ins Wasser fällt, der Badezusatz riecht nach Weihrauch. Wasser schwappt, Kälte kriecht, eine Vase fällt mit Wumms auf den Steinboden. Die neuen Umgebungen, die alte Kontrolle. Ein weiteres Mal schleppe ich Dinge herum, helfe Freunden beim Waschmaschinentransport, der mich fast das Rückgrat kostet; jetzt besitze ich einen Pfannenwender und einen gebrauchten Kühlschrank, aber fortan kommen nur noch neue Dinge in die Wohnung.

Im Radio läuft klassische Musik. Die Frage ist: Am Pol der Ohnmacht, kann es da einen Glanz geben? Zu verhandeln ist auch der unbedingte Zusammenhang von Geld und Text. Die Beschriftung der Fassaden. Die verlorene Blickrichtung. Die psychotische Angst vor Selbstauslöschung, die rational zu bekämpfen ist. Die antibürgerlichen Lebensstile: Und wenn das nicht geht, und ich sehe, es geht nicht (oder kaum), wenn man nicht ein Glanz ist, dann will man eben wenigstens das Beste, wenn es denn die Bürgerlichkeit sein soll. Solange man dieses Beste nicht gefunden hat, irrt und pendelt man herum zwischen den Polen, zwischen Größenwahn und Kleinsucht, zwischen Einsamkeit und Donjuanismus, zwischen allen Optionen und keiner wirklichen. »Es gibt keine Antworten, nur Alternativen.« Oder wie Marilyn Monroe gesagt hat: »Karriere ist etwas Herrliches, aber man kann sich in einer kalten Nacht nicht an ihr wärmen.«

Irmgard Keun:
Ich werde ein Glanz, und was ich dann mache, ist richtig – nie mehr brauch ich mich in acht nehmen und nicht mehr meine Worte ausrechnen und meine Vorhabungen ausrechnen – einfach betrunken sein – nichts kann mir mehr passieren an Verlust und Verachtung, denn ich werde ein Glanz.

Die fehlenden Szenen: Im Sozialismus, lese ich, war es Normalität, dass die Putzfrau im Theater neben dem Intendanten saß, dass die Ebenen, die Klassen sich mischten, auf die Funktionen beschränkt waren; in den Anfängen waren sie sogar vertauscht: Die Arbeiterklasse zog in die Paläste, die Bourgeoisie in die Plattenbauten. Davon ist nichts übrig. Die Vermischung der Klassen findet nicht mehr statt. (Als ob der Mann im Zwirn seine Tür nicht selbst öffnen könnte!) Wird eine Vermischung versucht, scheitert sie: Der auf die Feier eingeladene Chauffeur betrinkt sich dermaßen, dass er selbst nach Hause gefahren werden muss. Die zum Essen eingeladene Babysitterin fällt durch ihr loses Mundwerk auf. Die Raumpflegerin hat eine Vase auf dem Gewissen, außerdem fehlen die seidengestickten Handtücher mit den Initialen des Großvaters. Die fehlenden Szenen: Was ebenfalls selten beschrieben wird, ist die Schieflage der sozialen Ebene zwischen Autor und Verleger (oder, allgemeiner, einem Bewerber, einer Bewerberin und einem Vertreter, einer Vertreterin der höheren Instanz, beispielsweise auch Redakteurinnen). Die Verleger laden zum Essen ein, weil sie es sich leisten können, es wird ihnen ggf. sogar vom Verlag oder vom Amt ersetzt. Der Autor nimmt die Einladung an und benimmt sich.

Lyrik & Gefallsucht. Ein Lied im fernen Radio. MY LOVER'S DARKEST HOUR. Im Spätfilm sagt K.: »Sie haben mir keine Avancen gemacht. Das hat mir gefallen.«

Graues Licht schleicht sich durch die verregneten Fensterscheiben. Matte Diffusion. Am Himmel ergraute Wolken. Im oberen Stockwerk rotiert eine Waschmaschine. Rotunde, Schattenkräfte, Schichtwechsel. Ich bin Brian Wilson. Brian Wilson trinkt aus der Kaffeekanne, der Kaffee läuft ihm aus den Mundwinkeln heraus, am Kinn vorbei, tropft ihm auf die Brust, auf sein weiß-fleckiges T-Shirt, auf dem GELD MACHT UND WAHRHEIT steht. Er trägt Staub auf den Gläsern. Dass ihm das nicht gefällt, muss er wohl oder übel für sich behalten. Von wegen »flüchtige Moderne«, denkt er mit Blick auf die unbelebte Straße vor seinem Wohnhaus. Alles ist starr, nichts bewegt sich. Dann biegt ein Schatten um die Ecke, gefolgt von einer hübschen Person, die wieder aufgetauchte Sonne im Rücken. Ich sehe Kirsten die Straße herauf gehen, ich sehe Kirsten auf dem Weg zu mir.

8

Es gibt Grenzen
Die inneren Dämonen
Eine neue Liebe
Kein offizielles Statement
Auf Tuchfühlung gehen

Kirsten hat Termine, Kirsten ist im Stress. Die Maskenbildnerin im Maskenbus arbeitet hart daran, ihr die Flecken aus dem Gesicht zu nehmen. Wie singt Madonna? »How could it hurt you when it looks so good«. Als Abschiedsformel unter ihre Mail die Aufforderung »Mach's mir« zu setzen, ist aber schon ziemlich heikel. Nicht viel anders verhält es sich mit dem Hinweis auf ein kommendes »Sex-Date«. Ja, Madonna. Madonna ist schuld, für all das, ganz klar.

I'll do my best to keep you
keep you sleepy as the south
With my old watch on your wrist
And my thumbs inside your mouth

Kirsten ist am Set, an dem es drunter und drüber geht. Sie stolpert über die Kameraschiene. Es wird in drei Sprachen geredet, auf Spanisch und auf Deutsch, gedreht wird in einem von allen Beteiligten sehr radegebrochenen Englisch. Der Kameramann hat sich in sie verguckt, selbstverständlich, der Hauptdarsteller pflegt seinen Alkoholismus, und der aus Mexiko stammende Regisseur steigt aus Respekt und Eifer gleich mit ein.

Nacht durchgesoffen, morgens ohne Schlaf wieder am Set. Koks jemand? Lass mal, passt nicht ins Budget. Und der Fahrer wartet, der Fahrer wartet immer. Das ist sein Job.

Es gibt Grenzen
zu den inneren Dämonen
heißt es auf Abstand zu gehen

»Wir fahren auf Sicht.«
»Wenn das Kapital kommt, kann alles sehr schnell gehen.«
»Wir warten gespannt.«

Ich bin leider nicht da. Aber ich weiß, dass ich als Freund der Aktrice gelte, also sind am Telefon alle scheißefreundlich zu mir. Dann werde ich verbunden. Kirsten freut sich, eine Verbindung zur normalen Welt zu haben (wenn sie wüsste). Sie sagt mir, sie möchte mit dem Regisseur reden, sie versteht ihre Rolle nicht, aber da sie im Osten aufwuchs, ist ihr Spanisch zu schlecht. Und der Regisseur ist zu schüchtern. Der Kameramann freut sich, übersetzen zu können. Er lächelt unentwegt und schreibt im Kopf das nicht vorhandene Drehbuch um. Habe ich schon erwähnt, dass er sich in die Aktrice verguckt hat?

Die Crew sitzt im Hof, Drehschluss, die Nachbarn beschweren sich über den Lärm, da bei der Wärme alle noch draußen sind und nicht nach Hause wollen. Kirsten zieht sich um. Ich überlege, ob das alles immer so ist beim Film. Dass alle emotional gesteuert sind, statt produktiv intellektuell, dass alle Klaus Kinski sein wollen oder Michael Madsen, dass die Grenze zwischen Arbeit und Privatem gnadenlos verwischt wird, aber Kirsten sagt nein. Von Michael Madsen sind in den Staaten vier Gedichtbände erschienen. Kirsten interessiert das nicht. Sie sagt sonntags den Dreh ab, und telefoniert mit mir darüber. Geschlagene zwei Stunden lang.

Ich sitze im Archiv und sichte Schwarzweiß-Bilder, Los Angeles in den Fünfzigern, Videos von Orten, bevor wir uns kannten, ich sehe das Knäuel, das diesen Orten immanent ist. Ich sehe, dass die Seelenschauspieler ihre Rollen schon spielen, bevor es Zuschauer gibt, sie haben alle ihre Rollen schon verinnerlicht, so, als ob sie sie schon immer gespielt, als ob sie für diese Rollen geboren worden wären.

Ich versuche zu schreiben. Es ist schade, dass die Literatur mich nicht ausreichend bezahlt. Ich werde ihr nichts bieten können. Im Radio läuft ein Hörspiel aus der Nachkriegszeit. Mit gealterter Witzboldliteratur (Endler, Rühmkorf, Gernhardt, vielleicht Kempowski) kann ich nichts anfangen. Sie ist mir zu Deutsch, zu bieder, zu kleinbürgerlich. Nervt mich schon bei Arno Schmidt, dieses Gewitzel. Auch Flann O'Brien, den ich mit Mitte 20 noch so großartig fand, löst bei mir nur noch Erstaunen ob meiner damaligen Begeisterung aus. Ich stagniere vor mich hin. Ich schaue aus dem Fenster und denke über meine Position nach. Es ist so, ich verkaufe Texte. Aber der Marktwert meiner Texte ist zu gering. Mit jedem neuen Buch, mit jedem neuen Text entsteht neue Hoffnung, die Hoffnung auf Ruhm, der mich von Pflichten befreit. Und mich mit einer länger währenden Befriedigung erfüllt. Jede Absage hingegen ist ein Rückschlag, eine Ernüchterung. Der (mir von mir selbst gegebene) Sinn meiner Existenz ist bedroht. Mein Marktwert ist gering.

In der Ecke hängt ein Fernsehgerät und zeigt tonlos die Bilder eines entfernten Aufstands. Tücher auf Plätzen. Sich näherndes Militär. Flugzeuge über der Hauptstadt. Aufstand, Abstand, Auszug. Aufstand, Abfuhr, Ausstand. Hochhäuser im Abendlicht, Touristen auf der panischen Suche nach Hotels. Nach Schutz. Blick vom Balkon aus: Fahnen und Tücher auf einem zentralen Platz. Der General durchmisst das Zimmer. Ein Aufstand im Friedhof der Bilder, da möchte man hin, da möchte man nicht hin, als General nicht, als Alleinerziehende nicht, als Schauspielerin nicht. Als Journalist möchte man da hin, aber nicht ohne Bezahlung, vom Schreibtisch aus möchte man da hin, von dem Schreibtisch aus, von dem aus man andere als Schreibtischtäter bezeichnet, ein Bewerfen mit Wörtern, Wörtern wie Pflastersteinen, dabei tun Wörter selten weh, das scheint eine Wahrheit zu sein, die so ein echtes Archiv auch nicht in Brand steckt, ich lege Feuer, ich mache es grau. Ich schaue mir Schwänze an. Und Waffen.

Der Blick verliert sich nicht. Sehe ich durchs Fenster, sehe ich Flecken. Die Trümmer einer vor zwei Monaten ausgebrannten, in sich zusammengeglühten, geschrumpften Mülltonne. Verbogene Wäschespinnen. Fahrradruinen. Das ganze kleinkrämerische Zeug und das genauso kleinkrämerische Benörgeln desselben. Rolf Dieter Brinkmann. RDB und das Scheitern am Stoff, der überall herumliegt und vor sich hin müffelt. Der Müll der Gesellschaft. Die verlorene Revolution. Die vielen Fotos. Aber die Autos sehen geil aus.

Kirsten hat nach Absprache mit der Maskenbildnerin etwas Neues probiert. Sie trägt künstlich verlängerte Wimpern, die einen leichten Bogen nach oben machen; sie hat sie schwarz getuscht. Ebenso ihre unteren (die sich nach unten biegen). Jetzt hat sie Augen, die stets wie aufgerissen aussehen – als ob sie knallwach, ständig auf Speed wäre. Nach Drehschluss sitzt sie *off Hollywood* in einem Café mit hohen Decken. In einem unbeobachteten Moment steigt sie mit ein paar Klimmzügen an die Decke. Ein Mann, Agent oder Drehbuchautor, dreht sich zu ihr um und steigt ebenso in die Luft. »Es ist an der Zeit, dass wir auch zeigen, dass wir fliegen können«, sagt er.

Einbruch des Realen im Kino: Die Schauspieler, die Terroristen darstellen, die siebziger Jahre, der kalte Krieg. Lose, kleinteilige Gruppen, die große Politik spielen wollten und wie Kinder wirken, die versehentlich an echte Waffen geraten. Aber die Autos sehen geil aus. Die deutschen Revolutionäre alle kreidebleich. Besonders die Frauen. Kreidebleiche, nackte Frauen. Das Leben scheint mal wieder einer Phantasie entsprungen. Was denkt dazu die Arbeiterklasse? Die Arbeiterklasse denkt nicht. Sie lässt denken.

Honoré de Balzac, Verlorene Illusionen:
Du hast die Eigenschaften des Journalisten nur zu sehr: den Glanz und die Schnelligkeit des Denkens. Du wirst niemals einen witzigen Einfall unterdrücken, gleichviel ob du einem Freund damit weh tust. Ich sehe die Journalisten in den Foyers der Theater, sie sind mir grauenhaft. Der Journalismus ist eine Hölle, ein Abgrund von Ungerechtigkeit, Lüge und Verrat, den man nur durchschreiten und aus dem man nur dann hervorsteigen kann, wenn man wie Dante von dem göttlichen Lorbeer Virgils geschützt wird.

Wir sind gefangen. Gefangen in der Stadt. Es gibt keine Alternativen, keine Optionen, keine Möglichkeiten zu verschwinden. Es müsste von langer Hand geplant werden. Schwierig, bei dem vorhandenen Grad der Verzweiflung. Schwierig, bei der Ungeduld, die uns alle erfasst hat. Und, gibt es wirklich eine Rettung irgendwo da draußen? Jenseits von Kalifornien? Würde man nicht in eine endlos weiterlaufende Vergangenheit zurückfallen? Und wie sollte man ein neues soziales Feld finden? Und woher soll eigentlich das Geld kommen?

9

Wach geworden von einem Autounfall. Ich stehe mit meinem Wagen, einem roten Fiat Cinquecento, auf der Kreuzung und fahre wie absichtlich in ein weißes italienisches Taxi. Man fotografiert meinen Schaden. Blech mit Delle. Dann stehe ich in dem Taxifahrerbüro und verhandele, an der Wand hängt ein Kalender mit Bildern von Kirsten. Kirsten mit Kleinmädchenzöpfen; Kirsten, auf dem Kopf eine rote Baskenmütze, auf dem Schoß einen Königspudel, auf der Rückbank eines Taxis; Kirsten, wie sie in einem cremefarbenen Zweiteiler in der Sauna sitzt. Das rote Schiebequadrat zeigt an: Es ist der schöne 27. September. Im Radio singt eine vertraute Stimme auf Deutsch: »Wir sind keine Maschinen«, sanft und selbstsicher.

Es ist Montagmorgen. Auf dem Radweg zur Arbeit passiere ich eine lange Eskorte: Motorradpolizisten, an die zehn, dahinter ein Streifenwagen, eine schwarze Limousine, dahinter noch ein Streifenwagen. Die Eskorte ordnete sich dem Verkehr unter. Wenig später sitze ich dem Bundesverteidigungsminister in ca. 5m Entfernung gegenüber. Bodyguards sind nicht sichtbar. Er sitzt, ganz der Soldatensohn, der er ist, in der Morgenkonferenz, nur von seinem Sprecher flankiert, und hält eine mehr als ordentliche Blattkritik. Die anschließenden Fragen, durchaus unterkomplex, beantwortet er mit professioneller Lässigkeit, was allerdings den Müdigkeitsfaktor enorm erhöht. Großpolitik, auf stumpfe kleine Nenner gebracht, entsprechend einschläfernd beantwortet. Proteste, Aufruhr, Unmut – finden nicht statt.

Afghanistan, Libyen, Mali, Syrien. Kommandobrücken in Mittelamerika, in Vorderasien. Hässliches Kriegsgerät, technische Unmöglichkeiten, dürre Handlungen.
Wie er selbst in seinen Raps behauptete, wurde der verdächtige Brief gesprengt. Der entschärfte Brief, das entschärfte Schreiben.
Macht und Distanz.

Ich wollte aus Rache reich werden. Ich wollte der Macht ausweichen, aber die Macht war überall, sogar in mir selbst.

Damals im Ollenhauer-Haus, 2m vor Scharping, Europawahl 1999, WDR-Schalte, Studentenjob, da war das alles noch ganz anders gewesen. Da war es hart, mich nicht einerseits enorm fehlplatziert (zu große Nähe zur Macht, dabei diametral entgegengesetzt ohnmächtig) zu fühlen und andererseits die enorme Wut und Aggression in mir nieder zu kämpfen.

»Du sprichst französisch, oder?«
»Nicht gerne.«

Kirsten schreibt nicht. Sie geht auf Distanz, zieht Grenzen, kapselt sich ab. Sie ist zu langsam, sie ist zu beschränkt. Sie hält ihr Handy von sich weg, sie benutzt es als Bildtelefon. Sie zeigt ihren Hund, ein dunkler Königspudel, mit dem sie sich auf Englisch unterhält. Der Hund heißt Gatsby. Mit ihrem Gesprächspartner am Telefon spricht sie Deutsch. Sie ist hellblond, Anfang dreißig; wenn man sie nicht kennen, nicht erkennen würde, könnte man sie für eine Frau halten, die einen gut gehenden Laden in der Einkaufspassage einer mittleren Großstadt betreibt, Hannover, Dortmund, Leipzig, Kurzwaren, Modeschmuck, Mode. Heute trägt sie ein marineblaues Kleid mit dünnen weißen Streifen, darüber eine helle Jeansjacke. Sie sitzt auf der Terrasse ihres Lieblingscafés (das mit den hohen Decken) und trinkt eine Weißweinschorle. Ihre Tasche ist aus blattgoldenem Kunstleder. Wenn sie lacht, wirft sie den Kopf in den Nacken. Sie ist nicht schmal, hat aber kein Gramm zu viel am Leib. Sie öffnet ihren Laptop, der eben noch in ihrer Tasche steckte, und wechselt zu Skype. Ihre Haut ist elfenbeinfarben, ich weiß nicht, ob das die richtige Bezeichnung ist, vielleicht beschreibt es das besser: mattes Porzellan.

»Sie gehen rückwärts in die Verzauberung.«
»Ich mochte dieses Atmen neben mir.«

Niederländische Ethnologen kehren den Dreck auf. Das Leben betrügt mich. All die Kontaktabbrüche, die mir wieder einfallen. Während draußen der schwere Regen fällt, und Kinder einen Spielplatz begehen. Die neue Angewohnheit, mir auf die Unterlippe zu beißen, einen verkniffenen Mund zu machen wie Henry Fonda in *Spiel mir das Lied vom Tod*. Das melancholische Wissen. Es läuft alles auf eine Zigarette hinaus. Immerhin gelingt Arbeit, ab und an. Aber wo bleibt eigentlich die Romantik? Und der Stolz? Denn ja, der Stolz gehört dazu. Man muss stolz auf die Geliebte sein, damit sie die Geliebte sein kann, stolz auf ihre Schönheit, ihre Intelligenz, ihr soziales Kapital. Woraus besteht ein junges Mädchen?

Ich höre mir Applausaufnahmen an. Aufnahmen von Applaus. Immer und immer wieder. Applaus nach einem Konzert Neuer Musik; Applaus nach dem ersten Akt eines postdramatischen Theaterstücks; Applaus nach einem gelungenen Tackling im ausverkauften Haus an der Anfield Road in einem Spiel der zweiten Runde des englischen Ligapokals; Applaus von Kindern nach dem schüchtern geratenen Auftritt eines Clowns; Applaus, leicht höhnisch, eines Fernsehstudiopublikums nach dem Vollplayback-Auftritt einer aufstrebenden Indie-Rockband während einer Samstagabendshow; Applaus am Ende einer Dichterlesung; Applaus für die Delphine im Delphinarium (Zoo Duisburg); Applaus der Geliebten zu Weihnachten nach dem rührenden Aufsagen eines Gedichts seitens des gemeinsamen sechsjährigen Sohns.

Alain Badiou, Lob der Liebe:
Jacques Lacan erinnert uns daran, dass in der Sexualität (...) jeder großteils mit sich selbst zu tun hat (...) Es gibt natürlich die Vermittlung des Körpers des anderen, aber letztlich wird das sexuelle Genießen immer das eigene sein. Das Sexuelle verbindet nicht, es trennt. Dass Sie nackt und an den anderen geschmiegt sind, das ist ein Bild, eine bildliche Vorstellung. Das Reale ist das Genießen, das Sie weit, sehr weit vom anderen wegführt. Das Reale ist narzisstisch, die Verbindung ist imaginär.

10

Macht hat uns noch nie interessiert, sagt der Regieassistent, wir sind der Macht immer ausgewichen, und ich nicke seinen Satz ab, denke aber gleichzeitig: Ja, aus dieser Gedankenwelt komme ich auch, mit diesem Theweleit/Kristl-Zitat im Kopf, »auf dass die Macht den Menschen eines Tages langweilig werde« oder so ähnlich, aber die Wahrheit ist, neben all der Machttheorie, die um diesen Satz eingreifen wollend herum schwebt, dass der Satz so nicht mehr zutrifft. Denn natürlich interessiert uns die Macht, hat uns schon früh interessiert, nur in einer Form negativer Übertragung, also als Macht, die wir spürten, weil wir sie selbst nicht hatten, wofür wir die Macht verachtet haben; wir haben die Macht dafür verachtet, dass sie sich anderswo, bei anderen, von uns aus gesehen minderen Menschen sammelte, falschen Menschen, Menschen mit den falschen Ansichten, auch zur Macht selbst, usw. – Also, die Macht hat uns schon damals interessiert, als Abwesenheit, als Leerstelle, die dann endlich zu füllen war. Das gilt auch für den Regieassistenten selbst: Auch er hat eine Macht, wenn auch eine vergleichsweise kleine, und er hat sie auf welchen Wegen auch immer bekommen und will sie möglichst behalten, und so möchte auch ich meine Macht bekommen, meinen Raum, der mir zusteht. Der innere Raum, der fehlt. Das erklärt auch die endlose Suche – nicht nur die *nach der verlorenen Zeit* (meine Finger wollen »verloren« mit F schreiben: »Die Suche nach der ferlorenen Zeit«), sondern nach dem verlorenen, vielleicht nie gehabten Raum. Ein Raum für mich. Ein Raum, der mir gehört. Ein Raum, in dem ich sprechen kann. Ein Raum, dessen Wände mir zuhören. Ein heiliger Raum.

Echte Meldung: »In Brasilien ist ein bekannter Schauspieler beim Schwimmen ums Leben gekommen. Zeugen hörten zwar Hilferufe, dachten aber, es handle sich um Dreharbeiten.«

Das erste Wort, wenn man aus dem Kino kommt. Räume. Räume betreten, durch Räume geführt werden. Weil man nichts sehen, aber alles hören kann. Schallarchitektur erfahren. Schallstrukturen erkennen, Geräuschmuster den Räumen zuordnen. Und das durch Text spiegeln. Das andere ist: die Sprechorte an sich. Wo kommt überall Sprache raus? Wo kommt sie überhaupt vor? Welche Gerätschaften sind vorhanden, wie strukturieren sie den Raum, und sortieren entsprechend die Besuchenden? Wer hat das Filmmaterial gesichtet, die Hardware? Die Geräusche stimmen nicht. Es ist mir nicht möglich, ein normales Gefühl für sie zu gewinnen. Das Leben kommt mir dazwischen. Es ist eine Art Brunnen, ein Strudel, durch den man durch muss, um in eine andere Erlebniswelt, an die Küste, ins Wildwasser zu geraten. Aber wir sitzen immer noch und vergleichen unsere Einkäufe. Schönes, frisches Plastik, das gut riecht. Und draußen stehen die anderen, musikverstöpselt, mit sturmfreien Frisuren. Menschen an den Bushaltestellen des Weltbürgerkriegs, ohne Reibungsverluste, mit den richtigen Parastrukturen, weil sie ja alle vorher an den richtigen Stellen lachen, und alle warten auf den Bus wie auf den Messias. Da kommt auch schon eine neue Busladung Intensivleserinnen, die sich auf offener Straße von ihren Freunden getrennt haben und nach der bekannten Sechs-Blöcke-Regel im Umkreis von einem Kilometer nichts Negatives über sie sagen dürfen. Es ist Herbst geworden, jemand hat den Sommer gestohlen. Ein Mann, Halbglatze, circa 50, mit kleinem Wohlstandsbauch, aber der Körperhaltung eines kleinen, unschuldigen Jungen, steigt aus dem Bus. Er trägt ein schwarzes T-Shirt, auf dem in weißen Lettern *Post-Nothing, Pre-Everything* steht. Ein Junge, vielleicht 12, folgt ihm. Auf seinem T-Shirt steht in noch größeren Buchstaben: »Goals don't lie«. Recht haben beide.

Die Soziologie des Glam. *Glam Slam, thank you ma'am.* Die Suche nach dem Glanz entsprang der Sehnsucht, der Armut zu entkommen. Die alte Phantasie der Arbeiterklasse, der Lottogewinn, die Heirat mit einer reichen Erbin, der Aufstieg durch Pop, die soziale Legitimation durch Kunst, das Entdecktwerden in einer Castingshow, oder die organisierte Kriminalität. Der Glanz, der Ruhm, das Glück. Das sollte die fehlenden (reichen) Eltern ausgleichen, das mangelnde (soziale) Kapital. Es geht um Geld, es geht um Liebe, denn manchmal ist das eine Gleichung. Es geht um flirrende Hitze, um den Glanz der Straße, um Hügel voller Palmen, um das Schimmern des Pazifiks. Um ein Stein im Brett, um einen Raum an der guten Luft, um einen Stern im Gehweg, um Sendeminuten und Airplay, um ein bezahltes Hotelzimmer und ein paar fremde schöne Beine in einem Doppelbett. Im Grunde habe ich natürlich gar keine Ahnung von Kalifornien. Ich kenne das Land nur als Fiktion.

11

Etwas liefern. Etwas liefern müssen. Im Supermarkt bin ich freundlich und werde freundlich behandelt. Ich schaue tief in die Taschen, die ich dabei habe. Durch die Gänge ziehen. Die Kassiererin anflirten. Sie ist eigentlich vergeben, signalisiert sie mir. Sie ist die Königin, signalisiere ich. Ich erkenne einen Rücken. Ein gestörter alter Mann, der vor mir dran ist, möchte, dass ich ihm eine Flasche Wasser aus dem Kühlschrank hole. Ich ärgere mich, stürze aber ob seiner offensichtlichen Versehrtheit kurzentschlossen los und hole ihm die Flasche. Sie kostet 40 Cent plus Pfand, erkläre ich ihm auf Nachfrage. Er bezahlt und verschwindet. Irre, diese Irren, sage ich zu der Kassiererin. Sie nickt. Mit der Supermarktkassiererin an der Kasse rumknutschen. Ein Kuss mit Zukunft. Dann aufwachen.

Jean Baudrillard:
Das ist gegenwärtig das große Problem: es nutzt nichts zu genießen, man muss sich selbst, die anderen zum Genießen bringen. Genuss wird zum Akt der Kommunikation, du empfängst mich, ich empfange dich, wir tauschen den Genuss wie eine interaktive Leistung aus.

Einteilung der Töpfe, und immer die Angst, dass die Brüste nicht richtig sitzen. Aber nein, sie hat eine gute Figur. Sie schreibt mir eine E-Mail. Woran denkt sie, wenn sie schreibt, sie denke an mich? Denkt sie an Sätze, die ich gesagt habe? Denkt sie über mögliche Abenteuer nach? Oder an das Jahr, in dem wir nicht miteinander geredet haben? Worüber schreibst du, möchte sie wissen. Ich schreibe über eine Zukunft, die wir nicht miteinander haben, könnte eine Antwort sein. Eine traurige Zukunft. Das antworte ich: Ich schreibe über eine traurige Zukunft. Weil, das könnte interessant klingen. Nach Science Fiction. Unendliche Langsamkeit, Raumschiffe in Zeitlupe. Ein kalt durchseeltes Weltall. Aber vielleicht ist es die Gegenwart, die ich meine. Wart und Gegenwart. Denn auch nach vorne, in die Zukunft gewandt, ist diese Zeit von Bedeutung. Hier und jetzt wird sich alles entscheiden. Von dieser Passage wird alles abhängen.

»Du bist meine Zuflucht.«
»Deine Zuflucht will mit dir schlafen.«
»Versink in der Sonne mit mir.«
»Heute Nacht, nachdem du weg warst, habe ich noch einen Spaziergang durch den Nebel gemacht.«

Alles wiederholt sich. Augentrost und Fachgebärden. Scheiß Ödipuskomplex. Lass mich, ich will/ Dein einziger Schriftsteller sein.
1. Gesang der Neurosen: Du sollst keine anderen Schriftsteller neben mir haben! O o o o!

Dann ist mir, als ob ich das Buch träume. Oder die Atmosphäre des Buchs in den Traum hineinnehme. Schwarze Striche in weißer Landschaft. Ich träume von einem älteren Herrn, der aussieht wie Michel Houellebecq, der als Amokläufer in einer Kleinstadt unterwegs ist, während ein Freund und ich das Geschehen von einem Friedhof auf einem Hügel aus beobachten. Er bringt es auf drei Amokläufe mit dutzenden Toten ohne entdeckt zu werden, und nimmt dann nach einigem Zögern den Heiratsantrag einer intellektuellen Dame an. Jahrzehnte später sitzt er in seinem großen Wohnzimmer, seine erwachsenen Söhne kommen zu Besuch; sie sind keine Amokläufer, sehen aber aus *wie ihm aus dem Gesicht geschnitten.* Den Vater hat man nie erwischt. Er wurde nie für seine Amokläufe bestraft, sondern hatte es geschafft, ein normales, geregeltes, bürgerliches Leben zu führen.

Und ja, es gibt Konkurrenz. Ich habe nicht damit gerechnet, aber es gibt Konkurrenten, manche sind besonders hartnäckig, sie lassen sich kaum abschütteln, obschon ich gewaltigen Vorsprung habe; aber sie kürzen einfach ab, verschaffen sich auf nicht legalen Wegen Raum, holen auf. Kurzum: Es gibt Frauen in meinem Leben, aber eben auch andere Männer zu ihnen. Die Konkurrenten stehen mir nahe.

Nach der Liebe: Neues vom Sport. Die Musik öffnet sich. Ich bin in der Zeit gefangen, ich höre nichts, weil ich, wenn ich neben ihr liege, Ohropax benutze. So als umgedrehter Orpheus oder irgendwas mit Odysseus oder lassen wir doch diese bildungshubernden Vergleiche.

Die 5 Gebote der Kirche.
Die 7 Hauptsünden.
Die 6 Sünden gegen den heiligen Geist.
Die 9 fremden Sünden.
Die 4 himmelschreienden Sünden.

Es ist Halloween. Ich lasse es klingeln und mir ein Bad ein. Meine Süße erwarte ich nicht und sauer habe ich nicht da. Es ist alles nicht einfach. Schreiben ist Verrat, lese ich, Schreiben ist Frustration. Die Kunst besteht darin, sich vom eigenen Leid abzuheben. Es beschreibend auf eine andere, allgemeinverständliche Ebene zu kommen. Aber das geht nur, indem man Ursachenforschung betreibt. Kompensation könnte ein Weg sein. Das Problem ist: »Der Konflikt wird durch die Versagung heraufbeschworen, indem die ihrer Befriedigung verlustige Libido nun darauf angewiesen ist, sich andere Objekte und Wege zu suchen. Er hat zur Bedingung, dass diese anderen Wege und Objekte bei einem Anteil der Persönlichkeit ein Missfallen erwecken, sodass ein Veto erfolgt, welches die neue Weise der Befriedigung zunächst unmöglich macht«, so Freud. Kurzum: »Es bleibt also beim Konflikt zwischen Ich und Sexualität.«

12

In der Nacht ist alles grün. Eine weitläufige grüne Landschaft, seeiges Berlin, vielleicht Potsdam, vielleicht sind wir von der anderen Seite gekommen, überlegen wir, und das enorm breite Gewässer, auf dem wir fahren, oder dem wir einen Moment davor noch gegenüber saßen, wenn man das überhaupt so sagt, kann letztendlich nur der Rhein sein, oder der Tejo; das Meer, schien es, haben wir jedenfalls verloren. Leichen blicken zurück. Triebfeder für meinen Wunsch: ein starkes Bedürfnis. Straßenschild am Ortseingang: Willkommen in der Hure Berlin. Das Leben könnte schöner werden, meint auch der Mann auf dem Motorrad in der kalten Morgensonne, mit blondierten Haaren, er friert, aber er ist endlich angekommen in der Stadt seiner prekären Träume und heuert im Lieblingscafé als Bedienung an. Leider ist der Chef ein Choleriker, ein Kontrollfreak mit Feuer in den Augen. Ich freue mich immer, wenn ich deinen Namen in der Zeitung stehen sehe, sagt er zu mir.

Erinnerung: Wir stehen auf dem Hoteldach und schauen. Das Hotel gehört den unterschätzten Mädchen. Nein, auf den Kopf ist uns nichts gefallen. Wir stehen also auf dem Flachdach, als das Erdbeben losgeht. Das Gebäude setzt sich in Bewegung, wir rutschen durch die Straße, während rechts und links neben uns die Häuser alle vor sich hin wackeln. Dann ist es genauso schnell wieder vorbei. Wir flüchten nach unten und kehren in einer Kaschemme ein. Der Bar am Boulevard. Der Boden unter meinen Füßen ist immer noch nicht fest, obwohl, ich kann inzwischen stehen, ich sinke nicht mehr automatisch ein. Ein schlagfester Stehtisch, lächelnde kalifornische Nazis, Bierhumpen, Essen, das nicht aus der Packung kommt. An den Wänden Pfauenaugen.

Eine Folge einer neuen Krimiserie. Die Hauptdarstellerin kommt mir bekannt vor. Ihre Kollegen sagen ihre Sätze auf wie auswendig gelernt. Aber daran liegt es nicht. Es liegt an den Sätzen selbst. Die Schauspielerin sagt: »Ein Journalist. Für eine gute Schlagzeile geht er über Leichen.« Ja, denke ich. Vielleicht sollte sich der Drehbuchautor daran ein Beispiel nehmen.

Es fehlt eine Geschichte. Die von der Amnesie nach der durchrauschten Nacht. Einer Nacht mit vielen Intoxikationen, einer Nacht in einer Bar mit gedämpften Herbstgefühlen. Die Nacht nach dem Erdbeben. Jedenfalls, zu merken war nicht viel, viele Gläser, ein Zucken in den Augenlidern, ein Blick wie aus einem Wäschekorb, und irgendwann stand schon wieder ein Taxi an der Straße. Die Lichter der Großstadt, die über die Heckscheibe wandern. Eine bewusstlose Nacht. Am nächsten Morgen klingelt das Telefon. Ein Körper, der die Decke zur Seite schlägt und Schritte macht. Eine Tür wird geöffnet. Ein Gespräch angenommen. Der *ideologische Staatsapparat* ist dran. Die Familie. Zu hören sind nach ein paar Floskeln und Formeln weiter nichts als ein Rumms und das Geräusch des Auflegens. Und dann fällt die gesamte Gedächtnisleistung aus. *C'est pas vrais*, doch, genau so.

Ein Blick fehlt, eine Gelegenheit, ein frisches, intelligentes Gesicht. Ein kleines Mädchen an der Tischtennisplatte im Park. Ein sportlicher Blick, ein verwachsener Zeh. Parkbanklähmung. Einmal noch muss es möglich sein. Lied in der Nacht: »Was soll ich denn in Tokio? / Hier gefällt es mir doch sowieso.« Sogar mit Melodie. Seltsam. Ich strecke mich, falte die Zeitung zusammen, lege sie mir über das Gesicht. »Erst ab 30 wird man doch eigentlich sexy« (Helene Hegemann).

Nichts ist ausgeschaltet. Der Konsum nicht, der Terror nicht. Ich hatte immer gedacht, dass hier irgendwo auch das Geld wäre. Literatur, Musik, Journalismus. Das Geld, der Ruhm, der Glanz, der Glam. Aber das Geld ist hier gar nicht. Das Geld ist ganz woanders. Und ja, natürlich möchte ich lieber nicht. Arbeiten, meine ich. Natürlich möchte ich lieber daheim auf dem Sofa sitzen, Serien schauen und Fußball, Bücher lesen, Spaziergänge machen, Freunde treffen und Geliebte, so wie Zadie Smith. Und nichts sonst. Aber die Welt ist beschränkt, wenn das Geld fehlt: Wie viele Reisen wir machen könnten! Stattdessen sitzen wir jahrelang in Universitätsstädten fest, aus Geldmangel.

Auf den Boden geklebte farbige Fußabdrücke, die ihr den Weg zu meinem Bettchen zeigen sollen. Sie freut sich sichtlich über den Arm, der ihr um die Schultern gelegt wird. Plötzlicher Wintereinbruch. Es geht auf Weihnachten zu. Die Stadt ist voll. Pfadfinder, Junggesellenabschiede, Fußballfans, Weihnachtsmarkttouristen. Die Buchhandlung holt die Kästen mit der Ramschware rein, Schredder-, Füllmaterial.

Jacques Lacan:
Wir haben es bereits eben an der Struktur des Sprechens gesehen, das, was libidinös realisierbar ist zwischen diesem und jenem Subjekt, erfordert Vermittlung.

Am Ende sitze ich in dem Taxi und überlege, ob ich mich nicht endlich bei meiner Freundin melden soll.

Oder lieber etwas Abstand walten lassen. Ich entscheide mich, dass ich ihr genau diese Frage per SMS stelle – Honey, soll ich mich öfter melden oder lieber etwas Abstand wahren? Wir halten irgendwo, ich treffe einen Freund (ja, ich habe noch Freunde) in einem Café. Ich schildere ihm das Dilemma. Melden oder Abstand? Er winkt ab: »Aber ihr seid doch gar nicht mehr zusammen!« Ich erschrecke: Er hat natürlich recht! Wir sind ja gar nicht mehr zusammen!

»Und ich dachte, ich hätte das Glück gefunden.«
»War wohl nicht so.«
»Tja, war wohl nicht so.«

Das letzte Wort gehört Don DeLillo:
Dann trat er auf die Straße und tippte an das Taxifenster. Sie lächelte überrascht zu ihm auf. Sie war Mitte zwanzig, mit kupferstichfeinen Zügen und großen, kunstlosen Augen. Ihre Schönheit hatte etwas Entrücktes. Das war faszinierend, aber vielleicht auch nicht. Ihr Kopf saß leicht nach vorn gerichtet auf einem schlanken, langen Hals. Sie hatte ein unerwartetes Lachen, etwas misstrauisch und erfahren, und er mochte es, wie sie einen Finger an die Lippen legte, wenn sie nachdenklich sein wollte. Ihre Gedichte waren scheiße.

TENGO QUE ACER AGUNAS COMPRAS

Er war linkisch und liebeshungrig, weshalb er auch keine Freundin hatte.
Roberto Bolaño, 2666

1

Sie hatte den Schatten ihrer Hand im Gesicht. Sie knipste die Gegend. Die weiß gestrichenen, die gelb gestrichenen Häuser. Dann fuhr sie hellblond mit ihrem Fahrrad durch die Stadt. Natürlich trug sie Brille. Ein Blick auf die Kirchenuhr. Im Rücken ein klatschender Gefangenenchor. Sie war die Eine.

Vielleicht ein bisschen fleischig, die Dame. Ich bezeichnete sie als *rundlich*. Der Redakteur monierte, *rundlich* wäre entwürdigend, nachgerade beleidigend, das Wort *kompakt* umschreibe ihren Körperbau besser. Eine puppenhafte Blondine, die so heißt wie diese Terroristin. Soviel ich gesehen habe, und ich habe noch nicht viel gesehen, hat sie kreidebleiche Haut.

Sie trug keinen Fahrradhelm. Sie nähte nicht, sie besuchte keinen Volkshochschulkurs, sie lernte auch kein Arabisch, weil das jetzt in aller Munde war. Sie besuchte keine Tanzstudios in zweiten Hinterhöfen, um Salsa oder Swing zu lernen in Kursen, die voller sexuell oder emotional ausgehungerter Menschen waren, und die von Paramilitärs oder solchen, die sich dafür hielten, geleitet wurden. Sie sang auch nicht im Chor oder liebäugelte mit einer entlegenen Religion oder einem interessanten Instrument. Sie trug keine Sandalen, sondern Polka-Dots-Strumpfhosen und flache, geschlossene Schuhe. Sie las Bücher und hörte Musik. Sie fotografierte. Sie machte in Kunst.

War vor ein paar Jahren der Slogan FÜR IMMER 13 angesagt, würde ich ihn jetzt auf FÜR IMMER 28 ansetzen. Wenn man es richtig angestellt hat, liegt der Scheiß dann nämlich hinter einem, einer. Schule, Ausbildung, die Abgründe, die Drogenerfahrungen. Aber man ist noch jung genug, um das Abenteuer zu suchen, und sieht noch gut genug aus, um auf dem Markt sein Unwesen zu treiben, und hat man jemanden aus der gewünschten Kategorie gefunden, heißt es, nehmen, festhalten, ausbauen, und dann kann man sich in Ruhe um die weitere Karriere kümmern –

Lonely rivers flow, to the sea, to the sea.
Godspeed your love to me.

Weihnachtsmärkte, für die man Eintritt zahlen musste. Leute, die wie Weihnachtsgeschenke aussahen. Jung und klug, geschickt und wohlgekleidet. Fehlten nur noch die Schleifen.

Eines Abends waren wir zum Essen verabredet, in einem kleinen italienischen Restaurant. Wir saßen seitlich zueinander, ich streckte die Arme aus, sie zog die Beine zurück. Ich brachte mich mit dem ganzen Körper ein. Sie zog ihren Körper zurück, wie ein scheues submarines Wesen. Also übten wir uns in Smalltalk. Während ich fortwährend ihre Formen musterte. Die Art, wie sie da saß und das Gewicht auf die Zehenspitzen legte, die Ferse anhob und es kurz aussah, als ob sie unsichtbare Absätze hätte. Der Moment, in dem sie den Mund öffnete und ihre Zunge sich blicken ließ. (Ich bin im Geschäft, wenn sie den Rock nur etwas nach oben schiebt. Nur ein klein wenig, das etwas verspricht, dachte ich.) *Eine echte Blondine*, das traf es nicht. Es war ja nicht irgendeine. Man müsste also den Echtnamen einsetzen. Aber das ging nicht. Zuhause hängte ich mir das Filmplakat von »Szenen einer Ehe« übers Bett. Um endlich irgendwann neben ihr zu liegen wie auf diesem Filmplakat. Bärtig, bebrillt, in blütenweißer Bettwäsche.

2

»Und wann wirst du erwachsen?«, fragte mich die Alleinerziehende im Einkaufszentrum. Irritierende Lichter ringsum, aber sterile Geschäfte. Berlin war eine Arbeiterstadt, die sich seit mehr als zwanzig Jahren mühsam auf die Zeiten von Dienstleistung und Tourismus umstellte. Besonders in den Randbezirken war das beobachtbar. Ihr Sohn wog schwer. Er war still und glotzte ins Nichts. Es war nicht meiner, und der passende Song dazu säuselte durchs Einkaufsradio, ein alter Hit. *The kid is not my son.* Während ich den Brocken schulterte und versuchte, die Balance zu halten, stand die alleinerziehende Exfreundin mit Tüten in den

Händen da und beschwerte sich. Sie war neu auf der Liste der Menschen, die es störte, wenn man über sie in der Zeitung schrieb. Sie fühlte sich wehrlos. Dabei hatte ich nichts Schlechtes über sie geschrieben; aber sie fand, ich sollte die Konflikte mit ihr lieber direkt austragen, ihr die Dinge ins Gesicht sagen. Eine Folge noch, antwortete ich.

»Jeder trennt sich von jedem, aber keiner hält die Einsamkeit aus«, schreibt Peter Licht.

Wir hatten uns in Spandau verabredet. Da wohnte ihr Onkel. Bei dem sie wohnte. Die Fahrt zurück dauerte ewig. Japaner in der S-Bahn. Ein großes Plappern überall. Asiatinnen, die schnelles Deutsch sprechen, weil sie Deutsche sind. Ich dachte über den Vorwurf nach, den mir die Alleinerziehende gemacht hatte. Nach ihrer Definition wird man nicht mit 18, sondern spätestens mit 30 erwachsen, und hat dann über einen ordentlichen Beruf zu entscheiden, über Nestbau, Familie, und Entsagung irrelevanter, schädlicher Freuden wie dem Rauchen oder dem Barhocker unter der Woche, es sei denn, es läuft Fußball. Es sah also schlecht aus für mich. Mein Beruf war ohnehin ein behaupteter. Und jetzt wurde ich schon 40. Jemand hatte FUCK SOLARIS ins S-Bahn-Fenster geritzt. Auf den freien Platz rechts neben mir setzte sich eine Engländerin, die offensichtlich Hautkontakt suchte. Man sitzt eng, aber muss sich nicht notwendigerweise so nahe kommen, dachte ich. Sie schaute komisch, als sie aufstand, um nachzusehen, wo sie aussteigen musste. Ein japanisch aussehender Mann mit Frau schubste einen jungen Berliner zurück, beide riefen sich »Okay« zu, dann folgte ein Schweigen, eine kurze Waffenruhe, bis die Türen aufzogen, Station Bellevue. Der Jungberliner sprang mitsamt seiner Freundin aus dem Waggon, alles ganz schnell, die Freundin klemmte sich in die sich selbsttätig schließende Tür, und vom Bahnsteig aus warf der junge Römer das Portemonnaie des Japaners in die Bahn. Türen schließen. Der Japaner deutete auf seine Hüfttasche. Da war es wohl drin gewesen, das Portemonnaie, ringsum kurzes, betretenes Schweigen, aus der Geldbörse, die noch auf dem Boden liegt, funkelten die Karten. Ein fairer Diebstahl.

Da näherte sich ein Lautsprecher auf Rollen, immer dieselben S-Bahn-Musiker, diesmal spielten sie »Heißer Sand« in der Instrumentalversion. »Heißer Sand, und ein Leben in Gefahr.« Ein kleines Mädchen, vielleicht fünf, ging herum und hielt seine offene Hand hin, mehr nicht. Niemand beachtete es, nur die anderen Kinder warfen ihm neugierige Blicke zu.

Am Hackeschen Markt stieg ich aus und zog durch die Straßen. Die Jeunesse Dorée saß in den Cafés und hielt ihre perfekte Haut ins abnehmende Licht. Es stimmte schon: Ich gehörte nicht mehr dazu. Zu den schönen Leuten. Habe vielleicht noch nie dazu gehört. Was mir früher nie etwas ausgemacht hat, im Gegenteil: Da wollte ich nicht dazu gehören. Ich hielt mich für etwas

Besseres. Jetzt kenne ich die Vergeblichkeit. Jetzt, da ich äußerlich nicht mehr mithalten konnte, empfand ich Neid. Und den Wunsch nach Reintegration.

3

Eine Mädchenmannschaft an der Tramhaltestelle. Sie bildeten ein Viereck, sie trugen Sporttaschen und Sportjacken. Sie standen da wie an Fäden gezogen und trugen ein auratisches Lächeln im Gesicht. Ich las Žižek.

Auch das Eingehen emotionaler Beziehungen wird zunehmend nach dem Vorbild von Marktverhältnissen organisiert. Das Verfahren basiert darauf, dass die Leute sich selbst zur Ware machen: Für die Partnersuche im Internet und über Vermittlungsagenturen präsentieren sie sich als Ware, indem sie ihre Vorzüge auflisten und Fotos ins Netz stellen. Hier

fehlt das, was Freud den "einzigen Zug" genannt hat, der einzigartige Impuls, der sofort entscheidet, ob ich jemanden sympathisch finde oder nicht. (...) Die Vorzüge von Kandidaten zu vergleichen und sich dann zu entscheiden, in wen man sich verlieben will, kann also per definitionem nicht Liebe sein. Deshalb sind Partneragenturen Liebestöter par excellence.
Slavoj Žižek, Zeit der Monster

Mädchen aus der Puppenkiste. Sie bewegten sich auf der Stelle. Sie drehten den rechten Fuß leicht nach links und wieder zurück. Sie kippelten auf den Zehenspitzen. Sie wiegten sich in den Hüften, als ob ein unmerklicher Wind durch sie hindurch ging. Koketter Hüftschwung. Und die mit dem Namen der Terroristin. Wie sie vor mir gesessen hatte. Ich hatte mit Absicht niemandem in die Augen gesehen, auch ihr nicht. Ich war eine namentlich nicht bekannte Quelle geblieben. Sieben schöne Jahre. Und dann langsames Fade-out. So hatte ich mir das vorgestellt. Aber so war es nicht. Ich fühlte mich betrogen, um schöne Stunden, um gute, glückliche Jahre, und nach hinten raus wurde die Zeit immer weniger, sie fiel von der Scheibe, die die Erde war. Wo passierte eigentlich der Schnitt? Und wann? Und wieso? Und wer waren eigentlich die Männer zu all den Frauen? Mit wem trafen sie sich, die Schönen der Republik? Mit wem zum Beispiel schlief jetzt die mit dem Namen der Terroristin, und warum? Und in wen verliebte sich die Alleinerziehende?

Auf einem Konzert stellte sie mir ihre Freundinnen vor. Sie waren alle so entmutigend jung. Sie hießen wie Halluzinationen oder Hochglanzmagazine. Galatea und Wilma. Sie sahen klein aus und fesch und pausbackig und wie frisch im Seifenblasenladen gekauft, und sie staunten mich unverwandt an und fragten sich – natürlich zu Recht – was in aller Welt sie mit mir altem Sack wollte. Ich konnte es ihnen auch nicht sagen. Bzw. doch: *nichts*. Sie fühlte sich geschmeichelt, sie fühlte in eine obere Generation hinein, ohne dass es etwas Familiäres sein musste. Mehr war es nicht. Schon die Unterhaltung zwischen uns verlief stockend. (Man kann immer nur 15 Jahre nach unten oder nach oben reden, alles andere ist hoffnungslos, schrieb Wolfgang Herrndorf einmal irgendwo.)

Nervös war ich bei all der Distanz, der altersgemäßen, der vielleicht kulturellen, trotzdem. In ihrer Anwesenheit war ich der Jüngere; ich war nervös wie ein 15-jähriger Backfisch. Gleichzeitig genoss ich es. Ich genoss diese Nervosität, weil ich sie nur von früher kannte, weil ich sie für etwas Nostalgisches hielt, weil ich sie bei den kalten, abgeklärten, aufgeklärten, mit allen Wassern gewaschenen Frauen meiner Generation nicht mehr spürte. Weil ich selbst zu abgeklärt war. Und hier war ich genau das: hilflos. Aber am Ende waren auch diese Erklärungen hilflos und abgeschmackt, der Topos ist ja nicht gerade neu. Der Ältere und die Junge. Ein Mann knapp vor der Midlife Crisis, der eine hellblonde *Kindfrau* kennen lernte, bei der er etwas Trost suchte, während wir scheinbar aufmerksam ein Konzert verfolgten. Das Schlimmste an der Konstellation war, dass sie nicht weiter interessiert war. Einen offensichtlichen Vaterkomplex hatte sie nämlich nicht.

Ich kam vom Hügel herunter, ich fuhr mit dem Fahrrad in die Stadt. Ich trug eine weiße Jacke gegen das Vergessen und freute mich über die Großstadt, in der ich lebte. Das Leben war schön, für die Illusion von ein paar Atemzügen, tiefen Zügen, Zügen eimerweise.

Blondinen ohne Wiederkehr. Die Sehnsucht aber wuchs. Ich kam an einer Kanzlei vorbei. Vielleicht saß sie hinter dem Gebäude auf der Wiese in der Sonne, zur Mittagspause. Abstand vom Geschäft. In Sachen Sachenrecht. Auf einer parkähnlichen Grünanlage. Mädchen aus Rostock. Leichte Geilheit kam auf und verschwand wieder. Ich ging in ein Museum. Ich suchte nach ihr. Mädchen aus Rostock, das sich interessiert durch eine Ausstellung bewegte. Hochformatige Abzüge an den Wänden. Amerika in gestochenem Schwarz-Weiß. Die anerkennende Macht (grinsende Polizisten im Bildhintergrund), das Telefon auf dem Telefontisch.

»Zieh die Schuhe aus, Süße.«

Auf den Stufen vor dem Museum saß eine Frau mit einer Tüte Paniermehl in den Armen. Die Gespräche in der Redaktion liefen gut, und ich beobachtete mich dabei, eine neue Gelassenheit entwickelt zu haben;

früher schoss mein kränkbares Ego quer, die anstrengende Suche nach Anerkennung, jetzt kam die Anerkennung fast wie von allein und bescheiden und das reichte. Schriftsteller, Autor, Journalist. Ich lebte prekär, was alles nicht einfacher machte, schon gar nicht die Brautschau. Mein Beruf war ein behaupteter. Was die mit dem Namen der Terroristin genau machte, und was sie später einmal machen wollte, wusste ich nicht. Sie saß an einem Schreibtisch wie ich. Sie schaute Fremde an. Sie assistierte dem Chef. Sie spielte ihm etwas auf der Kaffeemaschine vor. Sie ließ sich vom Kapital lieben.

Sollte es also mein Schicksal sein, allein zu bleiben? Oder haben die Paare nur die negative Eigenschaft, ihre Verlaufsform missionarisch verbreiten zu wollen? Diese Paare in unmittelbarer Nähe? Die anonymen Paare in der Stadtlandschaft? Die Paare in meiner Familie, die Paare in meiner Vergangenheit, die Paare, die nur dank mir entstanden waren? Die Paare, deren Teil ich einst war, vorübergehend? Die vorherigen, die gegenwärtigen, die künftigen Paare? Ich schrieb an einem Text, in dem ich langsam verschwand. Ich schrieb einen Text, der zu einem Text ohne mich wurde. Einem Text ohne Ich. Der Gefühlsstaub, der sich auflöste, die Gewissheit, die allmählich dichter wurde. Ich zog den Bauch ein, ich bewegte mich. Gefühlsstaub, der sich klumpte, während ich weiter in dem Buch von Žižek las, das mir immer besser gefiel, im Café, ich war ein Kaffeehausliterat, der Ausflüge hasste. Am Nebentisch saß Wilma und las *Die Erfindung der Einsamkeit*, ein dummer Titel, dachte ich, und dass meine Paul-Auster-Phase so ca. zwei Jahre angedauert hatte, nämlich von 1994 bis 1995, dann war das durch, endgültig vorbei, und bei Paul Auster fiel mir das Broadway-Kino ein in der Ehrenstraße in Köln, wo wir *Smoke* und *Blue in the Face* sahen, damals, das Kino ist längst abgerissen, es hatte ein schönes Café, da saßen wir auch, als uns die betrunkene Isa Genzken zu ihrer Ausstellung einlud, uns junge Studenten, und wir kannten Isa Genzken gar nicht, wussten nicht, wer sie war, wir fanden sie einfach nur crazy, eine am helllichten Tag betrunkene, derangierte und alles andere als attraktive Frau, zur Ausstellung sind wir dann nicht hin, dumm eigentlich. Ich saß da und überlegte, ich schaufelte im »Kuchenkaiser« ein Kaiserschnitzel in mich herein, während auf der Leinwand das Abendspiel lief und irgendetwas in der Zeitung stand. Zuhause war es leer, dann warm, und ich begann den nächsten Artikel, und ehe ich mich versah, war er fertig, und ich war ganz aufgekratzt davon, und plötzlich kam wieder diese himmelblaue, ungenaue Sehnsucht auf, und ich machte eine Phantasie zu Text und schickte sie als SMS weg, und ging noch aufgekratzter durchs Viertel, rauchend, schauend, aber fast ohne Objekte.

4

Ich konnte den Strich sehen, die Linien, die sie durchs Bild zog. Sie fotografierte. Sie fotografierte aus Leidenschaft. Sie fotografierte leidenschaftlich. Aber es reichte natürlich nicht zum Leben. Das Leben zahlte die Kanzlei. Der Kunstbetrieb, so hörte ich, soll noch härter sein als der Literaturbetrieb; hier hieß es, Ausdauer zu zeigen; die Fähigkeit, zur rechten Zeit am rechten Ort zu sein. Mit Ellenbogen aus Stahl. Im Traum hatte ich ihr eine SMS geschickt: »Könnte in zwei Stunden in Dir sein«, darüber hatte ich selbst sehr lachen müssen, abschicken würde ich eine solche Nachricht natürlich nie. Andererseits, warum eigentlich nicht?

Heute war ich berühmt, morgen wieder nicht. Die eine Redaktion lobte meinen Stil und sagte, das wisse ich doch bestimmt, dass ich gut schreiben könne. Die andere Stelle, selbes Haus, warf allerhöchstens einen nachlässigen Blick auf mein Skript und schrieb eine Absage. Am Ende komme ich gar nicht bis nach Hollywood. Die falschen Entscheidungen. Die ich getroffen habe, die über mich getroffen wurden. Selbstbestimmung, Selbstvergewisserung. Die ganze Selbstvergewisserungsliteratur, auch hier jetzt wieder. Da. Jetzt. Wieder. Ich war für mein eigenes Scheitern verantwortlich, ich baute den Fehler selbst ein. Ich streute Sand in mein eigenes Getriebe und wie man es sonst noch nennen möchte.

Sie sah anders aus, sie hatte sich verändert. Sie kam offensichtlich in eine Phase, in der sie sich selbst hässlich machen musste. Aber gut, so war die Mode, und wer war ich, mich zu beschweren? Sie hatte die Haare ab. Trug jetzt einen Kurzhaarschnitt, der on top hellblond gefärbt war. Keine Brille. Eine schlecht sitzende Achtziger-Jahre-Jeans in Grau. Ein schwarzes, ausladendes Oberteil. Brach es mir das Herz? Ich schaute mir das Nachmittagsprogramm an, einen alten Film in einem entlegenen Sender. Einen Schinken aus Hollywood. Die ewige Unterschätzung Marilyn Monroes. Eine Szene aus einem Film mit Cary Grant. Cary Grant, Fabrikant, Produzent von Nylonstrumpfhosen, die ihm seine Sekretärin, Marilyn, von einem Schreibtischstuhl aus präsentiert. Sie streckt die Beine aus und sagt, schauen Sie mal. Schauen Sie mal, wie gut das aussieht. Cary Grant wirft einen verlorenen Blick auf die Beine der Monroe und sagt, ich bin verheiratet.

Marilyn Monroe heiratet Arthur Miller.
Arthur Miller heiratet Marilyn Monroe.

AM und MM präsentieren sich der Öffentlichkeit. Miller wirkt mürrisch. Er spürt sein Unbehagen. Das Unbehagen an der Selbstdarstellung, die ihm einerseits perfekt gelingt. Er stellt einen Schriftsteller dar, erfolgreich, alternd, Pfeife rauchend, intellektuell. Einer, der es außerdem geschafft hat, die zu der Zeit attraktivste Frau der Welt an Land zu ziehen. Die Frau, MM, strahlt Glück aus. Sie fühlt sich auserwählt und ernst genommen, sie fühlt sich akzeptiert und gefordert. Aber Miller traut diesem Glück nicht. Miller traut der Darstellung nicht. Miller weiß, dass die Verbindung nicht passt. Dass sie nicht passend aussieht. Und dass sie auch deshalb nicht halten wird.

Er sah zum Beispiel jetzt, dass das, was ihn an Marthe gebunden hatte, eher Eitelkeit als Liebe gewesen war (…) Die ganze Geschichte seiner Liebe bestand in Wirklichkeit darin, dass dieses ursprüngliche Staunen durch eine Gewissheit, seine Bescheidenheit durch Eitelkeit ersetzt worden war. Er hatte in Marthe die Abende geliebt, in denen sie zusammen im Kino erschienen und alle Blicke sich auf sie richteten, den Augenblick, in dem er sie der Welt vorführte.
Albert Camus, Der glückliche Tod

Nestbau. Szenen einer intellektuellen Ehe. Dumm nur, dass ich aus Erfahrung nicht mehr an langfristige Konzepte glaubte, auch wenn meine sogenannte Seele und mein sogenannter Körper anderes forderten. Ich schwankte zwischen Schmerz und Trost und baute mir Lust- und Luftschlösser am Rande des Zentrums. Ich dachte an den ungenauen blauen See, den die Alleinerziehende als Augenfarbe trug. Ich dachte an Architektur und Rückzug. Berlin, Stadt der Einsamkeit. Einsamer nie als in dieser Stadt. Dabei war ich schon in anderen Städten einsam gewesen. Der Unterschied war, dass es sich nicht mehr so schlimm anfühlte; aber ich verbrachte zu viel Zeit mit mir selbst, drinnen wie draußen. Ich wohnte aus ökonomischen Gründen hier. Die Basis dafür wurde sukzessive unterlaufen. Es wurde teurer in der Stadt. Die Stadt stellte auch zu deutlich Klischees aus. Sie bildete Ghettos; und auch wenn sich diese Ghettos vermischten, das eine Ghetto ins andere lief, überlief ins nächste, waren sie anhand ihrer Bewohnerinnen und Bewohner leicht zu erkennen; mit

Ausnahme des alten, in den letzten fünfundzwanzig Jahren vergessenen Westens. Da löste sich die Welt auf. Rentierliche Bauten, leer stehende Kirchen, umgenutzte Kirchen, verlassene Kirchen, und in der Küche ein zu Schlagermusik nackt kochender Mann. Ein Leichenwagen kreuzte. Er war kaum als solcher zu erkennen, und irgendwie sah er sogar leer aus. Einen Trauerzug habe ich in dieser Stadt noch nie angetroffen. Es war, als ob der Tod unsichtbar wäre. Unsichtbar gemacht. Und ich wusste, wie Trauerzüge aussehen, ich habe in meiner Jugend in der Nähe eines Friedhofs gewohnt.

5

Libido kaum noch vorhanden. Klebte an Vergangenem (Rückkehr zu den inzestuösen Objekten), ließ sich narzisstisch verwöhnen, hockte ansonsten da und wusste nicht, wohin, wozu, mit wem, und überhaupt. Zeit, eine neue Übertragungsbeziehung zu finden. Ich phantasierte von Beinen. Einer Welt aus Nylon. Ich übte mich in Ignoranz, aber die Strumpfhosen in meinem Kopf machten sie wieder interessant. Ich schrieb eine Kurznachricht, die ich zur Abwechslung nicht wegschickte (noch nicht). Für den Moment reichte mir das Eingeständnis der eigenen Schwäche.

Es liegt in der Struktur der psychoanalytischen Reflexivität, dass sie „Endlosschleifen unbefriedigter Bedürfnisse" hervorbringt. Auch dass wir über standardisierte Kulturtechniken verfügen, um Intimbeziehungen zu beschreiben, lässt bei

allem Bemühen um Nähe diese immer unwahrscheinlicher werden. Sobald die Gefühle verallgemeinerbar sind, wird der Partner austauschbar.
Meike Fessmann, *Tagesspiegel*, zu Eva Illouz

Ich war der Mann mit dem halbseidenen Kragen. Ich schrieb Artikel, die jeder Antwort auswichen. Ich war geblendet von Optik. Ich ließ mich in die Oberflächen ziehen. Und ich hatte noch Einkäufe zu erledigen. Die Alleinerziehende, geben wir ihr einen Namen, nennen wir sie Alice, war da anders gestrickt. Samstags kaufte sie Mode. Sie ging über den Rummel, sie sah sich Casting Shows an, sie wählte einen Kandidaten beim ESC, sie stellte sich in einen Irish Pub, um das Endspiel zu sehen. Die Mittelschicht, die alles mitmachte und alles gut fand, sie war ein Teil davon. Sie bewegte sich in Massen. Ich war ein Einzelgänger. Ein unfreiwilliger Außenseiter. Und fragte mich, was sie von mir wollte. Ich traute ihr nicht, spätestens, seit ich herausbekommen hatte, dass sie die Pille abgesetzt hatte, damals in den letzten Wochen unseres Zusammenseins, als ich innerlich schon den Anker geworfen hatte. Vielleicht hatte sie mich nur zu halten versucht. Danach war sie eine ganze Weile allein geblieben – wie schlimm das war, hatte ich bei einem meiner wenigen Besuche gesehen: Sie hatte sich einen Fernseher an einer Stange genau über dem Bett montieren lassen. (Eine Rechnung, die fast immer aufging: Je kürzer die Strecke vom Bett zum Fernseher, desto niedriger die Frequenz des praktizierten Geschlechtsverkehrs.) Irgendwann lernte sie einen jungen Mann kennen, der es nicht so genau nahm – sie aber mitsamt ihrer Schwangerschaft kurzerhand sitzen ließ. Er existierte fortan nur noch als Absender einer Dauerüberweisung, was freilich nicht ohne Bürokratie und Rechtsanwälte ablief. Sie tat mir leid, aber ich konnte ihr nicht helfen. Alles, was von ihrer Leidenschaft geblieben war, war ein verrücktes Leuchten in ihren blassgrünen Augen. Von meiner war nur ein nostalgisches Gefühl von Heimat übrig. Heimat, die wieder auf dem Weg zurück in den Süden war. Und sie, Alice, die Alleinerziehende, war eine von denen geworden, die ihr Kind mit Obst- und Gemüsestücken aus der Tupperware fütterte; Apfel, Tomate, Paprika, ein paar Trauben. Leitungswasser aus der Plastikflasche. Zu Hause Sterne auf dem Bademantel, Fernseher über dem Bett, tränendurchfeuchtete Seiten eines abgelegten Jane-Austen-Romans.

Das Universum bewies ihr, dass ich jemand war – auch wenn es nicht so aussah. Schließlich hatte ich sie verlassen. Ich hatte die Trennung still vollzogen, es auslaufen lassen, ohne sie davon in Kenntnis zu setzen. Sie erfuhr davon von Freunden. Ich erfuhr den Namen ihres neuen Liebhabers und musste in einem ungehörten Moment laut schreien. Als ich sie wiedersah, versuchte ich, mir nichts anmerken zu lassen. Ich gab mich geschickt. Aber sie blieb distanziert, höflich, freundlich. Irgendwann fasste ich ihre Hand, und sie ließ es gewähren, während sie über Kunst redete und dabei den Namen ihres Neuen fallen ließ. Wie konnte sie so schnell auf mich verzichten?, dachte ich. Hatte sie vergessen, wer ich war? Weiß sie nicht, dass ich einen Namen habe? Wir setzten uns in eine Bar, in ein Restaurant, an eine lange Tafel. Am Kopf der Tafel, uns entfernt gegenüber, saß ein älterer Mann und überlegte, wen er noch einladen könnte. Von der Seite bekam er meinen Namen eingeflüstert – was ich mitbekam. René Hamann!, rief er und griff zu seinem Handy. Da will ich den mal anrufen! Ich wartete ab. Tatsächlich klingelte mein Handy – ich nahm ab und sagte, er könne wieder auflegen, ich sitze ihm genau gegenüber!

Sie saß neben dem Telefon, aber das war Zufall. Hollywood hatte lange nicht mehr angerufen. Wenig später wurde sie tot aufgefunden; die Bestattung wurde von ihrer Privatsekretärin organisiert. Der Präsident wurde ein Jahr und drei Monate darauf auf offener Straße in einer offenen Limousine im Beisein seiner Frau aus dem Hinterhalt erschossen, man kennt die Geschichte. Seine Affäre mit ihr war eine Gefahr für sein Amt gewesen. Alexithymie. Sex und Macht. Man stirbt nicht, man wird umgebracht.

6

Wieder ein Star in dem grauen Kasten, der zu Hause stand. Noch ein alter Film. M. in Farbe. Sie war immer noch jung. Wann wird sie das erste Mal Strumpfhosen über die Beine gezogen haben? Als sie zwölf war, dreizehn, zur Zeit ihrer ersten Blutung? War es ein Ritual, das feierlich begangen wurde, wie bei Jungs die erste

Rasur? Musste sie ihrer Mutter einen ausgeben? Hatte sie die Strumpfhosen selbst gekauft, sich schenken lassen oder aus Mutters Kommode stibitzt? Hat sie damit angegeben, ist es aufgefallen, was haben ihre Freundinnen gesagt, wie haben die Klassenkameraden reagiert? Was habe ich gemacht, als die mit dem Namen der Terroristin zum ersten Mal Strumpfhosen trug? War ich schon in der Zeit angekommen, in der man Dinge nicht länger zum ersten, sondern vielmehr zum letzten Mal macht? Zum Beispiel das letzte Mal an einem Joint gezogen? Zum letzten Mal in einer Vorlesung gesessen? Zum letzten Mal einen feuchten Traum gehabt?

Young people don't know anything. Young people know that they are young and that is all they know.
Don Draper, Mad Men

Ich glaubte an die positive Erzählung. Auch wenn ich ins Schwanken geriet. Ich dachte darüber nach, warum man sich freikaufen muss. Freikaufen wie in: freischießen. Sich mit Geld bewaffnen.

In Pankow wohnte sie jetzt, die ein-, nein zweiundzwanzigjährige Tochter von irgendwem, gebürtig aus Rostock, blond, schlank und mit feinen, weichen und zarten Gesichtszügen. Wenn man durch Pankow fuhr, saß sie gewöhnlich am Fenster und dachte nach. Aber worüber ein junges, schönes Mädchen, das nach Pankow geraten war, nachdachte und wovon es träumte –

das wusste wahrscheinlich, äh, niemand. Ich saß mit ihr im Bus und beobachtete sie vom Fensterplatz aus. Sie stand auf. War das eine Strumpfhose mit Mustern oder Tätowierungen, die durchschienen? Wie souverän sie geht, den Rücken durchdrückt! Sie erkannte mich, führte ein Gespräch mit mir, etwas Konversation. Sie sprach nur so leise, ich war ständig versucht, ihr näher zu kommen. Ein Kind noch, auch. Ob sie selbst mal Kinder? Ihre Arbeit war ihr Kind, die Arbeit, von der sie okkupiert war, die Arbeit an der Kunst, die Arbeit an der Karriere, und wo blieb da ich? Und sie wohnte auch noch sonst wo. Sie blieb so weit weg.

Sie sah überarbeitet, übernächtigt aus. Sie hatte Falten bekommen. Und ich? Sah man mir irgendetwas an? Ich hatte Haare verloren, ich verliere weiter Haare, man war oft überrascht, wenn ich mein Alter verriet, sagte dann oft, ich sähe jünger aus, aber ich habe Haare gelassen und zugelegt, Gewicht bekommen, ich war dick geworden, was ich hier und jetzt mit einem weiten Hemd und einer Jacke zu kaschieren versuchte. Sah man mir etwas an, die Pigmente über den Augen, sah man, dass ich nach Jahren der Dauerkrise und dem aufwändigen Heilungsprozess in einer postanalytischen Krise steckte, kurz: Sah man mir an, wie schlecht es mir eigentlich ging? Dass ich mich aus Traurigkeit und Verlorenheit, aber nicht aus Frust mit Zeug vollstopfte und deswegen zunahm und weiter zunehme? Sie schaute mich an und lächelte. Ich lächelte auch.

Sie stieg aus, ich fuhr weiter. Jetzt beobachtete ich einen Mann. Helles Holzfällerhemd, eckige Brille, Halbglatze, die wenigen Haare auf großväterlicher Länge. Ein Baby, das aussah wie ein Greis. Oder ein alter Mann in sehr klein. Er war in Begleitung zweier Frauen, einer älteren, einer jüngeren. Mutter, Freundin, vielleicht. Er wirkte wie ein Geschäftsmann im Urlaub, in Freizeitkleidung. Obwohl ich ihn für einen Trottel hielt, sah er glücklich aus. Er schien etwas sehr richtig gemacht zu haben. Seine in der Buchbranche arbeitende Freundin betrügt ihn mit einem angehenden Schriftsteller, aber das war eine andere Geschichte, das sah man hier nicht.

Die Stadt in der Nacht. Wir ließen die Stadt, in der wir lebten, auf uns wirken. Die Stadt knetete unser Empfinden auf eine angenehme, sanfte Art. Häuser schauten uns an. Wir schauten zurück. Die Häuser hoben sich aus den Böden an den Seiten der Straßen. Sie wirkten sehr nah. Wir fuhren durch die Outskirts der Stadt, die man um die vorher errichteten Wahrzeichen herum gebaut hatte. Brunnen, Tore, Türme. Eine ausgestreckte Stadt mit digitalen Fenstern, in denen es blau flackerte. Ich war über diese Stadt hinausgewachsen. Manchmal taten sich Lücken auf, und in den Lücken standen Bäume, trotzig und verbogen. Manchmal eröffnete sich eine kleine Budenwelt an einer Straßenecke.

Zu Hause lag ich hormonbetäubt auf dem Kanapee. Mein Arm fühlte sich an wie ausgeleiert, ihr Gewicht war zeitweise zu schwer gewesen, es zog im Arm. Vorhänge, rote Punkte. Gewaltfreie Gedanken. Kleine Freiheit. Im Himmel bist du, wenn du von der Frau, die du liebst, einen Blow Job bekommst, diesen Satz hatte ich mir gemerkt, keine Ahnung, woher er stammte. Ich musste lachen. Es hallte durch die leere Wohnung. Dann schickte ich eine neue Nachricht los. Sie war sehr lang geraten.

GOTISCHE NOVELLE

Irgendwo in der Nähe sollte es eine Liegewiese geben, ein breites Grün irgendwo am See, aber wir sind zu früh links abgebogen und in einen Wald aus Greisen geraten. Senioren und Seniorinnen, die hier die frische Luft genießen und von ihrem Aufenthalt in der kardiologischen Klinik hinten auf dem Hügel eine Pause machen. Im Wald des Sterbens. Ein unheimlicher Anblick. Schnell fahren wir weiter, immer das Ufer entlang, über Äste und Wurzeln, über Stock und Stein, irgendwann wird die Strecke immer einsamer, bis –

Zeitkolonien, der hohe Ozonwert im Wald
Eine sieche Tante, die eine Atmosphäre von Verfall verbreitet
»Mir hast du krank besser gefallen.«
»Was soll das heißen?«
»Du hast nicht alle mit deiner Sichtbarkeit verschreckt.«

… eine Kutsche erscheint. Eine Pferdekutsche. Ein Tier in Arbeit. Ein Pferd im Wald. Ein gestriegeltes braunes Tier, das einen schwarzen Kasten aus Holz zieht. Es gibt kaum ein Tier, das es hier nicht gibt. Waschbären, Mäuse, Greifvögel, Flughunde, eine rote Kröte, die auf dem Kellerboden neben der Waschmaschine sitzt. Spatzen, die uns auf unserem Weg begleiten wie in

einem Disneyfilm. Ein kleiner Bus, der mit dem comicartigen Bild eines Bibers verziert ist, holt die Kinder vom Schwimmbad ab. Das Strandbad Wolletz ist eine Erscheinung. Wir fahren einmal ums Gelände herum, stellen die Räder ab, für den Eintrittspreis ist es zu spät, das Kassenhäuschen ist unterbesetzt, aber es gibt noch Schwimmbadpommes und Schwimmbadfanta zu Spottpreisen, und das Wasser ist kühl und klar, und es gibt kleine Fische, die über den moosigen Boden ziehen, und ein Tretboot in Form eines Schwans.
»P. H.« steht auf den Büchern, die M. liest. Sie arbeitet an ihrer Doktorarbeit.
»Marina Kundera ... Das ist ein schöner Name«, hatte ich gesagt, als sie mir vorgestellt wurde, damals.
»Ich heiße Marie.«
»Oh. Oh ja. Okay.«

Wir haben das Forsthaus hinter uns gelassen. Die Kirchenglocken waren befriedigt und still, das Wetter angenehm. Die Räder haben wir aus dem Hausfundus geliehen, zwei grobe Räder mit groben Reifen, die uns sicher über Straßen und Feldwege bringen sollten. Statt uns passen jetzt zwei Bilderbuchfamilien auf das Haus auf. Bevor wir aufbrachen, zu diesem Ausflug zum See, hatte uns noch eine Zwölfjährige von ihrer ersten Edgar-Allen-Poe-Lektüreerfahrung erzählt. Es ging um Kannibalismus, glaube ich. Ich kann mich nicht genau erinnern. Es war so oder so erschütternd. Ich mein, hatte ich mit zwölf schon Erfahrungen mit Edgar Allen Poe? Ich hatte Stephen King gelesen, höchstens. Den

Namen Poe kannte ich aus einem Beatles-Song. Wir breiten eine Hundedecke über das Gras aus, pflanzen uns hin und blinzeln in die Sonne. Die Schwere der Tage ist von uns gewichen, zumindest für den Nachmittag. Niemand um uns herum, keine Ablenkung, keine Ausweichmöglichkeiten, niemand, der mithört. Die Beatles. John und George sind beide schon lange tot. Vor kurzem habe ich einen kurzen Clip im Netz gesehen, Aufnahmen vom Indien-Ausflug der Beatles 1967, in sattem Technicolor. Die Beatles waren jung und erfolgreich, man sah es ihnen an, sie trugen allesamt ein *glückseliges* Lächeln auf den Lippen. Sie saßen in der Sonne und neckten sich und ihre Liebsten und sangen, schrieben, komponierten. An ihrer Seite hockten die schönsten Frauen Englands. Langhaarige blonde oder rotblonde Frauen in sehr bunten, rot- und gelbdominierten Gewändern. Sie trugen dieselben bunten Farben, sie trugen dasselbe Glück spazieren. Die Kraft der Gruppe, die Harmonie der Ideen, das Glück eines gemeinsamen Gelingens. Ein Glück, das für den Moment nichts vom Schmerz der Vergänglichkeit, von Verfall, Niedergang und Elend wusste.

Überall zirpt es. Marnie Kundera ist aufgestanden, stellt sich breitbeinig über mich hin, lächelt mich von oben an und setzt sich auf mein Gesicht. Wie eine Wespe. *Zu nackt fürs Vaterland.* Sie steht wieder auf und lacht, mir gelingt ein Foto. Kurz darauf richtet sich ein ganzer See nach ihr (sie ist als Einzige im Wasser). Man wird ihren Namen auf Barkassen schreiben und auf Gedenktafeln lesen. Die Sonne scheint noch hell, aber der Schatten wandert. Ich habe Lust zu rauchen. Dann fällt mir mein Vater ein, der gemeint hat, Rauchen hielte mich vom Denken ab. Ich denke eh anders als die anderen, das sagt Melanie Kundera auch. Denken und schreiben. Ich hatte lange nichts mehr geschrieben, ich hatte nach und nach alles weggeworfen. Ich erinnere mich an die Gedichte, die ich mit zwölf geschrieben hatte. Große, pathetische Gedichte, in denen schwarze, Unheil kündende Vögel vorkamen. Ich hatte diese Gedichte mit großer Geste vorgelesen, in meiner Vorstellung, in Kirchen, in Palästen, in Festsälen. Tatsächlich waren sie zart. Mädchenzart. Als Mädchen hatte ich sie geschrieben, als Mädchen vorgetragen, als Vampirmädchen in einem Müllsack in schwarz. Als wir im Kornfeld lagen, ordentlich bekifft, und Änderung so möglich schien, ein Indieluftsprengen der dörflichen Welt, daran erinnere ich mich, während ich im Gras liege, von fern die Schreie der Jugend, das spritzende Wasser, die redenden Erwachsenen.

Es ist ein guter Tag für die Frau des Rechtsanwalts und mich. Marie Kundera gibt sich versöhnlich und anschmiegsam, und als die Jugend des Springens müde wird, betrete ich das Sprungbrett und rufe ihren Namen, als sie von der Oberfläche verschwunden ist – sie ist eine Meisterin im Tauchen. Sie ist die Königin des Sees. Eine Königin mit falscher Perücke, eine schimmernde Königin mit wasserfestem Lipgloss. Da taucht sie aus dem schwarzen Wasser auf, streicht sich die nassen Haare aus dem Gesicht und – sie ist genauso kurzsichtig wie ich – winkt mir endlich zu. Jetzt springe ich, das Wasser ist wohltuend kühl, ich tauche auf und drehe mich nach ihr um, während sie schon wieder ans Ufer schwimmt. Als sie sich aufrichtet, an flacher Stelle, erscheint sie mir riesig. Eine riesenhafte Frau, die mit jedem Schritt den See erschüttert, ein Seebeben auslöst, einen Tsunami. Dabei ist sie normal groß, vielleicht 1,67 m, mit einem leicht verbogenen Unterkörper, der in etwa aussieht, als ob sie ihre Kindheit hauptsächlich auf Pferden zugebracht hätte.

Am Abend fahren wir zurück, müde und erschöpft, unsere Körper glühen noch. Wir nehmen den anderen Weg. Lange Steigungen holen uns aus dem Sattel. Eine lange Abfahrt führt an einem Hof mit einem vor Wut tobenden Schäferhund vorbei. Am Forsthaus erwarten uns zwei Schafe, die nur treudoof aus ihrem Gehege schauen. Eine Hühnerschaft samt Hahn, die neben den Schafen auf dem Nachbarhof posiert. Kein Tier spricht. Das Forsthaus ist still, die Kinder schlafen, neuer Besuch kommt erst morgen. Martina Kundera geht etwas ungelenk vor mir ins Haus. Sie hat sichtlich zu lange in der Sonne gelegen. *Ruhm und Ehre der roten Arme*. Das hätte auf ihrem Oberarm tätowiert stehen sollen. Als wir in unserer Kammer stehen und beginnen, uns auszuziehen, denke ich kurz: Seltsam, ich weiß doch schon, wie ihre Brüste aussehen. Aber ich habe trotzdem Lust, sie zu sehen. Immer und immer wieder. Ich entferne ihr die Kleider, wie man Bettwäsche abzieht.

Liebe mich, sagt dieser helle Körper, der jetzt vor mir steht. Ein Körper mit Wünschen. Marie Kundera hat perfekt runde Kniescheiben, dafür verschwinden ihre Knöchel fast vollständig im Fleisch. Ich küsse ihre Knie, ich schlafe mit ihren Beinen. Ich atme tief ein und aus. Sie sagt, ich könne sie immer haben, jederzeit, ich müsse sie nur *nehmen*. Das verunsichert mich. Das ist mir fast zu viel. Darüber hinaus scheint sie nicht an einem eigenen Orgasmus interessiert, fordert aber »mehr Gewalt« ein. Nur fühle ich mich nicht wie ein depressiver Plattenmillionär, der nach Inspirationen für sein nächstes Dark-Wave/Electro-Meisterwerk sucht.

Der nächste Morgen. In der Forsthausküche hängt ein Geruch von Milch. Das Frühstück ist erledigt, die Bilderbuchfamilien bereiten das Mittagessen vor, irgendetwas mit Bohnen und eingelegtem Fleisch. Die Bohnen werden geschnitten, das Fleisch zubereitet, Sud gekocht. Große Kochtöpfe kommen zum Einsatz, während die Reste des gebrauchten Geschirrs gespült werden. Ich mache mir einen Kaffee und einen Tee für Madame K. und sehe den Köchen bei der Arbeit zu. Eine endlose Abfolge von Haushaltsarbeiten, von aufwendigen Handlungen, die von keiner technischen Errungenschaft wie einem Mixer oder einer Spülmaschine erleichtert werden. Eine Atmosphäre macht sich breit, eine Atmosphäre wie am Anfang des letzten Jahrhunderts. Eine Imitation von Großfamilie. Eine Atmosphäre der Wortlosigkeit, der Trostlosigkeit, wie man sie aus alten Filmen kennt. Alles Arbeit und kein

Spiel. Ich bin in einer finsteren Zwischenwelt gelandet. In einem Hexenhaus am Rande des Urwalds, in dem fleißig die Naturkarte gespielt wird. Ein *darkes* Häuschen am Ende eines Kopfsteinpflasterwegs, ein ehemaliges Forsthaus, das sie sich zu acht gekauft haben, Marie Kundera und ihr Mann, der kleine Rechtsanwalt, und *der General* und seine Frau, und noch ein paar Leute. Die nächste Stadt liegt etwa zwanzig Kilometer entfernt. Marie kommt in die Küche und sagt etwas und steht auf ihren O-Beinen lässig an die Anrichte gelehnt und trinkt ihren Tee. Ich mustere sie und überlege, was dieser Eindruck mit mir macht. Ob ich mich noch genügend angezogen fühle. Ob es das wert war. Was hat mich hierher gebracht? Ich fühlte mich vom ersten Moment an unwohl, in dieser Einöde, in der ich mich in meine Kindheit versetzt fühle, Kindheit auf dem Land, abgeschnitten, fremden Mächten ausgesetzt, ohne jeden zivilisatorischen Ausgleich. Das Forsthaus riecht nach Staub, nach Holz, nach Tod, nach Spinnweben und Langeweile. Zwar wird es nach und nach renoviert, umgebaut, erweitert, aufgemöbelt und durchgeputzt; mittlerweile hat es vielleicht den Stand von 1955 erreicht. Doch niemand *wohnt* hier, jedenfalls nicht auf Dauer.

Immerhin gibt es immer wieder neue Gäste. Junge Frauen zwischen Studienabschluss und Arbeitslosigkeit, aus der sie sich bevorzugt mittels Schwangerschaft retten, reisen in Fahrgemeinschaften in grauen oder militärgrünen Kastenwagen (Renault Twingo) an. Die zugehörigen Männer sitzen am Steuer und tragen modische Bärte oder kauern bartlos auf den hinteren Plätzen und lesen altmodische Bücher. Alle frönen sie einem selbst ausgedachten Wochenendkommunismus, einem Hang zum DIY, zum Selbermachen. Man bringt sich das Handwerk bei – indem man bei den Anderen zuschaut oder etwas nachschlägt oder auf Youtube nachsieht, wie man das macht: eine Wand verputzen, einen Kessel flicken, einen Fußboden fliesen.

Als Melanie Kundera und ich draußen sitzen und reden, hinten im Garten, schleicht *das Gespenst* um uns herum, mit einer Sense in der Hand. Es ist am Morgen eingetroffen, allein, ohne den *General.* Ein Gespenst, verschlagen, und mit großen, bleichen Ohren, die ihm weiter wachsen, während wir Melanies Doktorarbeit diskutieren, es sieht her und wieder weg, fährt mit der Sense über das hoch gewachsene Gras, in einer gefährlichen, schwungvollen, erotischen Bewegung. Das *Gespenst*, so nennen wir sie, die Frau des Generals, sie schneidet das hohe Gras. Keine Ahnung, ob sie von ihrem Spitznamen weiß. Sie sieht eben aus wie ein Gespenst, ein Gespenst aus dem Norden in einem weißen, wallenden Kleid, bleich bis in die Haarspitzen. Eine Frau *von interessanter Blässe* mit einer Haut wie aus Pauspapier. Eine Frau, tatsächlich ähnlich jung wie Melanie Kundera, obwohl sie älter wirkt, eine Frau, die mich an meine Großmutter erinnert, meine Großmutter auf einer Fotografie, die es nie gegeben hat, auf der Türschwelle ihres Hauses stehend und mit kaum etwas bekleidet als einem weißen, schwarz beflockten T-Shirt, auf dem ihr Geburtsjahr steht: *1924.* Dass sie gestern noch krank war, die Frau des Generals, und deshalb noch länger als geplant in der Stadt bleiben musste, ist kein Zufall, *krank und müde* ist ungefähr ihr Normalzustand, von dem sich nur einige *bessere Tage* wohltuend abheben; so sieht das aus. Und heute ist einer dieser Tage. Ein sehr warmer, schwüler Tag. Insekten fliegen herum. Sie nisten sich ein, in Erdlöcher, unter dem Dach, in ihrem Gehörgang, und unter meiner Haut. Wir sind irritiert, wir reden weiter, versuchen, nicht auf sie zu achten. Als unser Gespräch persönlicher wird, ziehen wir uns auf den Dachboden zurück, wo sie kurz darauf wieder erscheint, um Wäsche aufzuhängen.

Ein seltsames Sehnen beginnt. Dabei brauche ich sie gar nicht so oft zu sehen, sie ist ja immer da und sieht im Wesentlichen auch immer gleich aus. Eine bleichsüchtige Frau in weißen Gewändern, die durch das Forsthaus irrlichtert. Eine Frau, die einen Ring trägt und aus traurig blauen Augen in die träge Welt guckt. Aber etwas beschäftigt mich, treibt mich um. Eine Ahnung, ein Wunsch, ein Gedanke. Wer ist diese Frau und wie ist es, ein Gespenst zu sein? Wie ist es andererseits, ein Gespenst zu lieben? Wie fühlt sich diese fast durchsichtige Haut an? Was redet es, was denkt es, was kann es spüren? Das möchte ich wissen. Zum Abendessen sitzt sie mir gegenüber und spielt nervös mit ihrem Ehering, und die Berührung, die unter dem Tisch stattfindet, emanzipiert sich bald von dem Begriff des Zufalls. Der am späten Nachmittag eingetroffene *General* bespricht Dinge in einem der großen, noch unbehauenen Räume, und ich wollte sie separieren, um sie ihm auszuspannen, zumindest für den Rausch eines Nachmittags, aber das ist beinahe oder vollständig unmöglich. Und die Tage vergehen, leer, heiß, tragisch, und ich habe sie mir inzwischen zehnmal öfter vorgestellt, als dass ich wirklich Sex mit ihr hatte, ein komisches Missverhältnis. Nach dem üppigen Abendessen lasse ich den Rotwein arbeiten. Der Rotwein ist alt und schwer und dunkel wie das Blut von erlegtem Wild, aber es ist natürlich nicht allein der Rotwein, der arbeitet. Meine Hände arbeiten, meine Füße; die Stimmung arbeitet, die Musik und die Gespräche über Balzac und die Anmut von Nonnen arbeiten. Ich wende Formeln an, von denen ich gelesen habe, und Formeln, von denen ich nicht wusste, dass es sie gibt. Erstaunlich, wie nahe ein Oberschenkel sein kann. Alles ist einfach, sobald sich der Widerstand löst, zurückweicht wie eine geschlagene Armee. Gleichzeitig fühle ich mich falsch und korrupt und lüstern wie ein ausgezehrter Vampir. Ein Betrüger, der eine Betrügerin betrügt.

Wir ziehen uns zurück, nach oben in die Kammer, Marielle Kundera und ich. Eigentlich wollte ich wissen, was *das Gespenst* so treibt. Wie es ist, wie es atmet, was es denkt und wie es sich bewegt. Die blauen Flecken studieren, die es sich beim Radfahren so leicht zuzieht. Die vom Sensen rauen Hände spüren. All das, und noch viel mehr. Stattdessen vögele ich schon wieder mit Maria Kundera. Marias Augen funkeln mich an, böse, wütend, besitzergreifend, sie leuchten mir den Weg durch die Dunkelheit.

Auch das Gespenst hat die Gesellschaft unmittelbar nach dem Essen verlassen, ein geordneter Rückzug, eine ihr natürliche Bewegung. Sie mag keine Gesellschaften. Sie mag nichts, was die Aufmerksamkeit von ihr abzieht. In ihrem Zimmer – einem der ersten ausgebauten Schlafzimmer – zieht sie die Gardinen zu, um endgültig im Dunkeln zu sein. Ich stelle sie mir im Pyjama vor, in einem grün schimmernden Textil aus Seide. Male mir ihre Augenfarbe aus, ein helles, wässriges Blau, ihre helle Haut, leicht gesprenkelt. Die Klangfarbe ihrer Stimme. Leicht abgedunkelt. Das *Gespenst* in einem abgedunkelten Raum. Wie es mir einen Drink reicht. In einem dickbauchigen Glas, in dem Eis klimpert. Allmählich geht mir der Unsinn dieser Gedanken auf, ich muss mich konzentrieren, mich auf Martina Kundera fokussieren, mich auf sie einlassen, das Gespenst kenne ich nicht, nicht gut genug. Eine Gesellschaft ohne die Frau des Generals ist eine Gesellschaft, in der man sich entspannen, die man wahrnehmen kann. Wo niemand absorbiert wird. Aber das gilt auch für den *General* selbst. Ihre Ehe durchläuft eine Krise, der General wurde bereits mit anderen, vornehmlich jüngeren Frauen gesehen. Es tauchten Bilder auf, auf denen eine Kindergärtnerin, die schnell zur Leiterin wurde, leicht bekleidet an seinem nackten Zeh saugt.

Poröse Gesichter, abblätternde Haut. Das Gespenst reagiert auf die aristokratische Art: nämlich gar nicht. Sie dementiert nicht, sie kommentiert nicht, sie lässt sich nicht mit getrockneten Tränen erwischen. Sie zieht sich nur zurück.

Natürlich leidet auch mein Verhältnis zu Michelle Kundera. Dass sie etwas von meiner Verwirrung spürt, ist klar. Sie findet nur den richtigen Bezug nicht. Sie bezieht alles auf sich. Auf sich und *ihre* Ehe. Was bedeutet, dass sie eine unterschwellige Wut ausbildet, eine Wut, die sie mir bei nächstbester Gelegenheit um die Ohren hauen wird, auch wenn sie gar nicht im Recht ist. Das sagen ihre funkelnden Augen, das sagen die zackigen Bewegungen, die sie macht, unter mir, neben mir, auf mir, ohne mich. Und ich, ich fühle mich schuldig, ich fahre meine Initiativen zurück, mein Verhalten gefährdet den gesamten Aufenthalt, die gesamte Landpartie, es ist ein Tanz auf unbestellten Hochzeiten.

Marnie Kundera kenne ich jetzt seit sieben Nächten und dreiundvierzig Tagen. Das sind verschiedene Zählweisen, wie ich sie bei jeder Frau anstelle. An dreiundvierzig Tagen habe ich sie gesehen, sieben Nächte habe ich mit ihr verbracht. Vor Jahren hatte eine abgelegte Liebschaft eine Klage gegen mich angestrengt, weil sie sich *unüblich zurückversetzt* gefühlt hatte. Die Gesetze sind empfindlich geworden. Es hat Musterprozesse gegeben. Aber ich hatte Glück, die Klage wurde abgewiesen. Aus Mangel an Beweisen. Frau Kundera lächelt mich vom Sofa aus an. Ich hinterlasse einen Handabdruck auf der Fensterscheibe, von der ich mich jetzt zurückziehe.

Der kleine Rechtsanwalt lässt auf sich warten. Vermutlich trifft er sich mit den Mandanten in den bürgerlichen Vierteln der Hauptstadt und ahnt nichts von den Umtrieben seiner kleinen, feschen, emotional bedürftigen Frau. Er macht sich keinerlei Gedanken, während er Geschäftssätze von sich gibt, Hände schüttelt, Termine bestreitet und absagt und sich nach getaner Arbeit hinter das Steuer seines Renaults klemmt. In den Mittagspausen, in den Stunden, die er als Überstunden angibt, trifft er sich privat mit seinen Kanzleihilfen, Studentinnen der Rechtswissenschaften, jungen, bezopften Frauen aus gutem Haus mit ordentlichen Vaterkomplexen, um sie nach einem Vorbereitungsdrink in einer nahegelegenen Bar in seine Zweitwohnung zu bitten, die er heimlich auf Kosten der Kanzlei angemietet hat. Er liebt es, sich dort auf einem kreisrunden Bett von ihnen züchtigen zu lassen, einem Bett, das ein kreisrundes Zimmer füllt, oben im Turm eines Eckhauses in Charlottenburg. Matelda Kundera ahnt nichts davon. Sie fühlt sich vernachlässigt, und also im Recht, in der Sonne der Gelegenheit, im Schatten des Augenblicks…

Was aber genau mit ihr ist, was hinter der Fassade aus Fleiß und Kontrollwut steckt, weiß ich nicht. Was sie mit ihrem Ehemann verbindet, außer der Tatsache, dass er ihr grundlegendes Sicherheitsbedürfnis abdeckt, auf dessen Basis sie sich die Freiräume nimmt, die sie braucht, weiß ich auch nicht. Wie viel er ahnt, was er weiß. Nicht viel, vermute ich. Dass ausgerechnet er dieses Sicherheitsbedürfnis abdecken kann, ist angesichts des Doppellebens, das er als Rechtsanwalt in der Stadt führt, eigentlich ein Witz. Aber einer, der funktioniert. Sogar beidseitig. Ein Paar, geschmiedet in der Hölle.

Ein französischer Spielfilm über die Konstellation: Mann bemüht sich um unnahbare Frau. Er flimmert im Wohnraum, von einem Projektor an die nackte Wand geworfen. Melanie Kundera, die keinesfalls mit dem hochberühmten, inzwischen senilen tschechisch-französischen Schriftsteller verwandt ist (leider nicht, wie ich finde) und ich, ihr heimlicher Liebhaber, sitzen auf einem dieser breiten alten Sitzmöbel, dunkelgrüner Filz, spätes 19. Jahrhundert, und berühren uns immer mal wieder heimlich. Am Mittag ist ihr Mann zurückgekehrt, der kleine Rechtsanwalt, in seinem dunkelblauen Renault Twingo. Milena Kundera gähnt und streckt sich, ein Arm schiebt sich heraus, ihre rechte Schulter liegt frei. Der Rechtsanwalt, ein Mann mit halblangen, strohigen, mittelblonden Haaren, einer selbstsicheren Körperhaltung bei gleichzeitiger Zuneigung zu allen Rauschgiften, die sich auf dem freien Markt auftreiben lassen, starrt mich für eine halbe Minute an, versucht sichtbar sich an mich und meine Herkunft zu erinnern, sich meine Gegenwart zu erklären, und wendet dann den Blick ab, der auf einer dunkelroten Chaiselongue auf der anderen Seite des Wohnzimmers hängen bleibt, auf der mattschwarzen Kleidung, die darauf und überall sonst im Zimmer verteilt liegt. Der Film läuft in Schwarzweiß und spielt in einem Schloss. Er handelt von einem Mann, der eine kaltherzige Frau begehrt. Er sucht ihre Nähe, und beizeiten treffen sie sich, sie nimmt seine Präsenz zur Kenntnis, zeigt sich aber weiter uninteressiert. Eines Tages macht er ihr unvermittelt einen Heiratsantrag, dem sie überraschend einwilligt. Nach der Hochzeit und einer ungelenken, gewaltsamen ersten Nacht bleibt sie jedoch so kühl wie zuvor. Ihr Mann beginnt, andere Männer hinter ihrer Abwehr zu vermuten, und stellt ihr nach; er entwickelt eine manische und scheinbar grundlose Eifersucht. Sie streitet alles ab. Nach einer Zeit des Leidens geht ihm das Ausmaß seiner Selbsttäuschung auf. Sie ist nicht die Richtige. Sie passt nicht zu ihm. Sie liebt ihn nicht, und er liebt sie nicht. Die Abwehr, die ihn reizte, die ihn bis zur Weißglut brachte, macht ihn jetzt nur noch müde, stimmt ihn nur noch traurig. Einmal an diesem Punkt, beginnt er, eine umfassende Gleichgültigkeit ihr gegenüber auszubilden. Er geht ihr aus dem Weg oder blickt sie nurmehr traurig an. Sein Verhalten indes macht sie unruhig und zunehmend nervös. Was ist mit dem Mann, was hat er? Er erscheint ihr in einem neuen Licht, souverän und interessant, und sie beginnt, sich um ihn zu bemühen, ihm zu gefallen, durch Kleider und Make-up ihn wiederzugewinnen. Schließlich beginnt sie, hinter seinem

Verhalten andere Frauen zu vermuten, ihn zu verdächtigen, ihm nachzustellen, grundlos eifersüchtig zu werden.

Den Rechtsanwalt hat Milena über eine Zeitungsannonce kennen gelernt. Sie hatte nach unverbindlichen Abenteuern gesucht. Der Text ihrer Annonce war eindeutig, und doch hatten sich erstaunlich wenige Männer darauf gemeldet. Die Einsendungen, denen Schwanzfotos beilagen, sortierte sie gleich aus (obwohl sie bei ein, zwei Aufnahmen hängen blieb, der unglaublichen *Überlängen* wegen, aber die Sprache der beiliegenden Schreiben stieß sie ab – es war noch die prädigitale Periode, die Zeit, als es noch keine Standardformulierungen gab und *Wischtechnik* etwas bedeutete, das mit Anstreichen zu tun hatte). Das Porträtfoto des Rechtsanwalts irritierte sie in seiner Mischung aus Professionalität und spätpubertärer Unsicherheit; er sah darauf wie ein ausgewachsener Schuljunge aus, der sich auf eine Stelle als Nachhilfelehrer für Mathematik bewerben wollte. Von seinen Vorlieben schrieb er nichts. Er schlug lediglich ein erstes Treffen vor, ein *Vorbereitungstreffen* an einem neutralen Ort, am besten ein unscheinbares Café in der Nähe seiner Kanzlei. Praktisch war er schon damals. Es wurde tatsächlich ein belangloses und biederes Treffen, jedenfalls für sie. Für ihn war es alles andere als das.

In der folgenden Nacht schlafe ich alleine. Alleine in der Kammer. Ich höre die Mäuse trapsen, ich höre die Waschmaschine, die im Keller rotiert. Ich betrachte die leere Liege neben mir. Eine Nacht für mich. Eine Nacht mit der Leselampe. Ich möchte mein Leben in Ordnung bringen. Ich führe ein Vielfachleben. Mit vielfacher Buchführung. Ich versuche, Räume zu finden, die sich nicht zu überschneiden drohen, Plätze zu finden, Ausweichmöglichkeiten. So kann es nicht weiter gehen. Es gibt keine Antworten, es gibt nur Alternativen. Ein Satz aus einem Lehrfilm. Natürlich denke ich auch an das Gespenst. An seine Krankheiten. An die Rückzugsmomente. Ich denke an den *General*, von dem es heißt, er habe kürzlich einen Nervenzusammenbruch erlitten und sei für mehrere Monate freigestellt worden. Ich sehe ihn in einer weißen Schürze vor mir, mit einer blauen Pille in der rechten Hand, die er langsam zum Mund führt. Ein Bild, über das ich einschlafe, aber ich schlafe schlecht. Irgendwann schrecke ich von einem schlimmen Traum auf. Aber es ist nichts. Ich sehe noch eine Weile in die Leselampe, eine unerbittliche, kalte Sonne, beschließe, bald, möglichst morgen oder übermorgen schon, abzureisen, nach Hause zu fahren, schalte die Lampe ab und schlafe wieder ein.

Am nächsten Tag sorge ich für Musik. Aber außer mir scheint niemand Musik zu mögen. Ich versuche es mit den verschiedensten Musikstilen: Beethoven, auf den lediglich das Gespenst und eine der Hauskatzen anspringen; Blasmusik, Indierock, Trap, alte Beat-Klassiker, etwas Free Jazz, Schlager, BeBop: nichts. Als ich kurz aufdrehe, um einen besonders schwungvollen Klassiker zu feiern, irgendetwas von den Beatles aus den vorindischen Jahren, staunt mich eine der Töchter Edgar Allen Poes mit aufgerissenen Augen an, dreht sich um und verschwindet mit undeutlichen Gesten in den Garten. Die anderen lassen kaum ihre Bücher sinken – einer liest Foucault, *Die Sorge um sich*, seine Freundin, eine Doktorandin im sechsten Monat, irgendetwas von Simon Beckett, warum auch immer. Ich singe in der Badewanne und lasse ganz schön Dampf ab. Die Fenster beschlagen. Im Anschluss brauche ich zwei Liter Wasser, um die Kopfschmerzen zu vertreiben. Die Wohnzimmerfenster sind verschmiert, es ist länger nicht mehr geputzt worden, am Ende fällt diese Aufgabe mir zu. Ich sehe mal wieder durch die Scheiben. Ich sehe eine neue Traube von jungen Leuten aus neuen Kleinwagen steigen, beobachte, wie neues Material ausgepackt und herangeschleppt wird. Ich sehe, dass etwas Besonderes geplant ist. Aber was genau, weiß ich nicht.

Ich weiß nur eins: Ich sollte endlich das Forsthaus hinter mir lassen. Mein Auftrag ist so gut wie erledigt. Frau K. ist instruiert, genügend Nähe aufgebaut worden, Nähe, die sich nicht gelohnt hat, denn die Verhältnisse sind dieselben geblieben. M. K. liegt in den Armen des kleinen Rechtsanwalts. Die meisten anderen werde ich nie wieder sehen. Auch wenn einige Fragen offen bleiben. Werde ich auch das Gespenst nie wieder sehen? Was tun mit einem ins Leere laufenden Begehren? Einem völlig sinnlosen, idiotischen Begehren, klar. Aber was ist das eigentlich genau, ein Nervenzusammenbruch? Wann genau war der Zeitpunkt, an dem der *General* erkannt hatte, dass er professionelle Hilfe benötigte? Was ließ ihn zögern? Wie ist es für ihn, mit einer Depressiven verheiratet zu sein? Und wie ist es für sie, mit einem Ausgebrannten verheiratet zu sein? Können sie sich helfen oder schalteten sie sich gegenseitig aus? Oder wird eine Trennung folgen, von der ich am Ende profitieren könnte? Auch denke ich, als ein neuer Film auf die nackte Wand im Gesellschaftszimmer geworfen wird, eine *Mockumentary* über zwei Bilderbuchfamilien, die sich in einem Urwald verlaufen, und ihre Versuche in Kannibalismus, dass die Prämisse vielleicht fehlerhaft gewesen war. Blindes Engagement ist keinesfalls wünschenswert, im

Gegenteil, es kann sich im ungünstigen Fall nämlich gegen den Investor wenden; es stimmt schlicht nicht, um es kurz und knapp zu sagen, dass man mehr rausbekommt, je mehr man reinsteckt, denn nicht alle Operatoren funktionieren nach dieser Regel. Manche sind so gewitzt, alles investierte Kapital eigennützig zu verbrauchen und sich etwaige Gegenleistungen nach Möglichkeit zu schenken, mit anderen Worten: Sie nehmen, geben aber nichts zurück. Manche kommen nicht einmal auf die Idee, an so etwas wie Gegenleistungen überhaupt zu denken.

Als ich mit meinem bescheidenen Gepäck vor der Haustür warte, steht das Gespenst flatterhaft auf der Türschwelle und lächelt mir zum Abschied zu. Ich schüttele meine Beine aus, weil sie eingeschlafen sind, und lächele verlegen zurück. Vielleicht hätte sich ja doch was ergeben, vielleicht ergibt sich noch etwas. Jetzt oder später. Aber bevor ich reagieren kann, ist das Gespenst von anderen Männern umringt. Ich sehe ihm noch eine Weile zu, aus sicherem Abstand, wie es sich Feuer geben lässt, wie es kurz nickt, als jemand ihm etwas zuflüstert. Und als ich noch einen Blick von ihr auffange, einen Blick, der einen Schmerz ausdrückt, einen kleinen Abschiedsschmerz, empfinde ich Traurigkeit. Einen Trauerschub, eine seelische Schmerzwelle, die über mich kommt.

»Lass uns über Geilheit sprechen.«
»Tote Zukunft.«

Auch wegen Milena Kundera, die ich vorerst nur mit einem Zettel über meine Beweggründe aufgeklärt habe, werde ich weinen müssen. Milena Kundera, die das eigentliche Zielobjekt gewesen war, das Objekt meiner Liebe, das Ziel meiner Träume, auch das vergeblich, wie es sich jetzt abzeichnet, so oder so, schon bald werde ich wegen ihr weinen müssen, in einem einsamen Wohnzimmer, an einem sonnigen, kühlen Herbstmorgen. Irgendwann in den nächsten Wochen. Aber nicht mehr heute.

Über dem Land geht ein Gewitter herunter, während ich unter dem Dach der kleinen Bushalte sitze und auf den Rufbus warte, der sich als Taxi herausstellt, mich aber für zwei Euro zum Bahnhof bringen kann. Dem Fahrer fehlen Kleingeld und Gespür für die eigene Körperpflegebedürftigkeit. Während der Fahrt sehe ich dem wackelnden Wald zu und schweige. Hinter der nächsten Kleinstadt öffnet sich der Himmel. Es geht zurück, endlich.

ICH GLAUBE NICHT AN ABSCHIEDE

Eine schwarze Limousine fuhr heran. Knirschender Kies. Helles Sonnenlicht, vom Blau des Himmels war aber nichts zu sehen. Ein Mann in schwarzer, uniformähnlicher Kostümierung, mit ebenso schwarzer Schirmmütze, saß am Steuer, schaltete den Motor aus, stieg aus, umlief den Wagen südwärts, hielt dann vor der (von vorn gesehen) linken Hintertür und öffnete sie. Ein anderer Mann, in edlerem Zwirn, duckte sich, stieg aus. Das ganze glich einem Theaterstück. Es herrschte absolute Ruhe. Irgendwo entstand das Bild eines zur Seite kippenden Körpers, mit Blut, das aus einem Mundwinkel sickerte. Jemand machte ein Foto, jemand schrieb dazu etwas auf.

Ein Telefon klingelte. Das bedeutete, dass wer rangehen konnte, und dann würde irgendetwas passieren, irgendeine Handlung beginnen. Oder es ging niemand ran und die Handlung wurde aufgeschoben. Ein Loch im Spannungsaufbau. Das Telefon klingelte noch einmal, es war ein tüdeliges Neunzigerjahre-Klingeln. Dann verstummte es.

Die Marquise ging um fünf Uhr aus. Der General durchmaß das Zimmer. Blendende Sonne, reflektierender Schnee. Der General zog die Vorhänge zu. Von fern war das Rotieren von Helikoptern zu hören. Der General setzte sich in einen Ohrensessel, legte ein Bein über das andere.

Eine zugefrorene Wasserfläche. Auf den Wiesen lag linder Nebel. Kinder spielten Fußball. Paare gingen herum. Schön zerschossen durch ein Grün tapern, das war wohl die Idee dahinter. Angetrieben von A-tergo-Phantasien. Eine Frau verschwand in den Wäldern.

Luft, Staub, ein Zimmer mit Beamer. Eine Gangsterkomödie, unterbrochen von Werbepausen. Müdigkeit, die gegen die Augen drückte, von innen. Lidzucken. Leere Landhäuser, seelische Großwetterlagen, sterbliche Überreste. *Ich führte sie ins Schlafzimmer.* Weiche Auslagen, dunkelblaue Laken; die Angst, verhaftet zu werden, war nahezu verschwunden.

Ich ließ mich nur noch mit Cumshots bestechen.

Das Gespenst trug schwarz, das Gespenst trug Trauer. Jetzt, da es sich endlich beklagen konnte, dass er, *der General*, sie verlassen hatte, für so eine lange Zeit, für eine Ewigkeit und drei Tage, saßen wir bereits in der ausgeräumten Kirche und warteten. Keine Kreuze, kein Altar, kein Kreuzgang, nichts. Alles sah abgetakelt und abbruchreif aus. Karg, leer, unbehaust. Immerhin hatte man ein paar Bänke aufgetrieben, einfache Kirchenbänke. Da saßen wir und schauten uns nicht an. Die Leute im Dunkeln, die interessierte einfach niemand.

Das Gespenst weinen sehen, das wollte ich, aber das Gespenst weinte nicht. Es vergoss keine Träne, nicht während der Trauerfeier, noch auf dem Friedhof, und auch nicht beim anschließenden Empfang. Das Gespenst trug schwarze Handschuhe; es trug ein Kleid, das auf den ersten Blick perfekt schwarz war, leicht glänzend und beinahe undurchdringlich, und erst auf den zweiten Blick als weißes Kleid erkennbar wurde, das lediglich schwarz gefärbt worden war. Das Gespenst lächelte nicht, sagte kaum ein Wort, sondern rauchte eine Zigarette mit schwarzem Mundstück, eine E-Zigarette, äußerst elegant. Die ihr als frischgebackene Witwe gewidmeten Kondolenzen nahm sie mit ausgestreckter, schwarzledern glänzender Hand und unendlich müdem Gesichtsausdruck entgegen. Das Schwarz stand ihr; ihr Auftritt war makellos, die Blicke folgten ihr nahezu unauffällig, niemand wollte ihr zu nahe treten.

Keine Ahnung, wer ihn gefunden hatte. Vielleicht sogar *das Gespenst* selbst. Jedenfalls, da baumelte er. Bleich, abgehangen, unfassbar alt und unzuordenbar stinkend. Nach Eintritt des Todes sollen letzte Dejuktionen abgehen, wie ich einmal irgendwo gelesen hatte, die *finale Relaxation*, das nachzuprüfen fehlte mir allerdings die rechte Lust. So starrte ich einfach nur auf seine grauen Hosen. Ein Anblick, den man nicht so schnell vergessen wird. Ein Gedanke, der mir durchs Hirn huschte wie eine Maus. Das Gespenst wandte den Blick ab, heulte in ein Taschentuch, ich stand mit Martina Kundera und zwei Theologiestudenten namens Thomas und Ernst neben ihr, fassungslos, sprachlos, irre.

Ich hatte es gesehen. Die Autos auf dem Friedhofsparkplatz waren vorwiegend farblos. Schwarz, weiß, grau. Ich hatte die Trauer gesehen, die verdeckten Augen, die Tränen der Frauen, die Schleifen mit den Namen der Überlebenden, die auf den Kondolenzkarten standen. Die Überlebensbotschaften. Diese Botschaften gingen hinaus in die Welt, hinaus ins All, ins Schwarze, ins schwarze, dunkle Weltall. Einer der Trauergäste hatte dramaturgisches Talent entwickelt. Er hatte im Dunkeln geschrieben, ins Dunkle hinein, er hatte eine spontane Trauerrede gehalten, eine Moritat, sich vergangene Situationen ausgedacht, Winkelzüge für die anderen. Kleine Szenen waren entstanden, Fiktionales wurde mit Faktualem vermischt, vorne am Altar, aber die Verknüpfungen folgten nicht immer einer Kausalität.

Sobald die Messe zu Ende ist, wird weiter gefoltert.

Sie ließ sich entschuldigen. Sie fiel aus. Sie fiel aus dem Rahmen, sie sprang aus dem Fenster. Es war acht Uhr post mortem.

Sie hatte einen Knall. Gut, einen Knall hatten die meisten. Aber sie hatte einen der sozial unverträglichen Sorte; so einen Ego-Knall, der auf soziale Inkompetenz schließen ließ. Damit kam sie in ihren Zwanzigern noch hervorragend durch, weil diese soziale Inkompetenz noch mit Coolsein und Unnahbarkeit verwechselt wurde, weil sie oberflächlich funky und anziehend aussah, weil es sie noch attraktiver machte. In ihren Dreißigern konnte sie von diesem Ruf noch zehren, aber allmählich verblassten die Effekte, verschwand die Schönheit, wurden die Störeffekte lauter, denn ihr Knall beinhaltete ja eben Blindheit für das Eigene und das Soziale; sodass sie sich nur darüber wundern konnte, irgendwie auf dem absteigenden Ast zu sitzen, ohne zu ahnen, wieso jetzt eigentlich. Ab 35 wurde sie allmählich nur noch als Schreckschraube gesehen, danach wurde es ganz finster. Das Alter, das sich rächt für die Arroganz der Jugend, das war das File, der Ordner, in den das fiel.

Sie fiel aus. Sie sprang aus dem Rahmen.

Plötzlich tat es mir leid. Mir tat es um den Toten leid, mir tat die verlorene, in sich selbst verlorene Arbeiterklasse leid, mir taten die Frauen leid, die ich nicht geheiratet hatte, mir tat es leid, dass ich keinen Ehering trug. Mir tat alles leid. Wenn ich weinen könnte. Wenn ich lautlos weinen könnte, unauffällig.

Das Telefon klingelte erneut. Und diesmal ging jemand ran, aber es war nur ein Butt Call. Man hörte ferne Stimmen, zwei Männer, die sich über russische Atomraketen unterhielten, über Bibelstellen, undeutliche Zusammenhänge; zwei Männerstimmen, die eine Schuldfrage klärten, und dann waren Pieptöne zu hören, Tastentöne, als ob jemand zu wählen versuchte. Und Rauschen und wieder diese fernen Männer

(Schmerz als ferne Erinnerung) und dann die leise Stimme von Melanie K. und die von der mit dem Namen der Terroristin, und ich legte auf.

Der General durchmaß das Zimmer. Vegetative Dystonie, psychische Traumata nach Einsätzen im Kampfgebiet; die Grillen des nahenden Alters. Als Auslöser für *Vegetative Dystonie* gelten Reizüberflutung, Stress, Konflikte: in den Partnerschaften, den Familien, am Arbeitsplatz, in der Nachbarschaft, hinsichtlich der Gesundheit, nach Geburten, in den Wechseljahren, nach Trennungen oder Todesfällen. Auch Einsamkeit oder Angst (vor Prüfung, Problemen, Auseinandersetzung) können Ursachen sein. Der General durchmaß das Zimmer. In das vereinzelt Sonnenstrahlen fielen. Es war ein seltsamer, wechselhafter Herbst. Es war ein seltsamer, wechselhafter Winter. Erinnern, Wiederholen, Durcharbeiten. Die begleitenden Zustände waren wie folgt benennbar: erbost, violent, allgelegentlich, vehement, heimtückisch. Dazu die Nachrichtenkanäle, ohne Ton, mit Laufband.

Sie sprachen von Leidensdruck. Das Gespenst von der ihn bindenden, einengenden Gesellschaft. Den Bränden, die bis an sein Haus gelangt waren. Melanie atmete schwer. Alles war langsam. Seitenblick aus dem Fenster raus, Baumkronen. Offene Fragen, offene Wunden. Das Gespenst redete mit dem Bild, das Bild redete mit ihm. Eine Mahlzeit wurde eingenommen. Die Pläne des Generals, sie gerieten zusehends durcheinander.

»Warum setzen Sie mir die Brille ab?«
»Ich schieße Ihnen ins Gesicht, Madame.«

Der General durchmaß das Zimmer. Er hatte unerbittliche Befehle erteilt. Als sie sich endlich beklagen konnte, dass er sie verlassen hatte, für so eine lange Zeit, die jetzt beginnen sollte, standen sie in einer ausgeräumten Kirche mit hellem Parkett. Keine Kreuze, keine Bänke, kein Altar, nichts. Dann kam Musik und sie tanzten. Sie tanzten in der Kirche, in der ausgeräumten Kirche, auf dem hellen Parkett.

Nach und nach versammelten sich auch die anderen. Die Arbeiter, die Presse, der Rundfunk. Die Arbeiter, die Kumpel, alle vornehmlich in Schwarz. Alle trugen Sonnenbrillen. Wir haben die Rechte, euch springen zu lassen. Jemand legte einen Tanzbärtanz hin. Wer hat sich das mit den *Vampiren* eigentlich ausgedacht? Uns kriegen die nicht. Das zwangsernährte Gespenst umarmte uns, die Gewerkschaft redete uns zu, die Frauen wollten noch nicht so, wir auch nicht, aber es kamen Einladungen von überall her, aus der ganzen Welt. Vorher hatten wir, die Bergarbeiter, die Kumpel, unter den anderen Arbeitern und darüber hinaus nicht immer den besten Ruf. Die Leute im Dunkeln, die interessierte einfach niemand.

Es war kein Tag mit guter Laune, es war ein dunkler Tag. In Brandenburg war es Winter, in Chile nicht. Sommer war es da. Vor der Messe hatte ich mir die

Turmspitze angesehen, die abgenommen worden war und neben der Kirche stand. Die Kirche sollte bald *einen neuen Hut* bekommen, wurde gesagt. Im Inneren sah alles abgetakelt und abbruchreif aus. Karg, leer, unbehaust. Die Musik setzte aus, der Tanz wurde beendet. Der Rechtsanwalt trug kurze Hosen. Und er setzte sich haargenau auf den Platz, auf den ich mich setzen wollte.

Ein dunkler Typ, schattig, kräftig, ein molliger Tanzbär. Unter Tage hatte er Gedichte geschrieben und sie seiner fremdgehenden Frau geschickt (wollte sie lesen). Er hatte Tagebuch geführt. In einem unzerstörten Tunnel soll er joggen gegangen sein (sich die Ohren zustopfen und weglaufen, sich abschotten und verziehen). Sie, seine Frau, hatte angekündigt, ihn im Trikot seiner Mannschaft zu empfangen.

Ich habe es im Fernsehen gesehen. Nein, es war ein Film. Der auf eine nackte Wand projiziert wurde. Im Gesellschaftszimmer. Die verdeckten Augen, die Tränen der Frauen, die Trikots mit den Namen der Überlebenden, die später als Abspann über ein dunkles Bild liefen. Videos aus der Tiefe, Überlebensbotschaften. Diese Botschaften gingen hinaus in die Welt, hinaus ins All, ins Schwarze, ins schwarze, dunkle Weltall. Einer der Verschütteten hatte dramaturgisches Talent entwickelt. Kleine Szenen waren entstanden, Fiktionales wurde mit Faktualem vermischt, die Verknüpfungen folgten nicht immer einer Kausalität.

Hier in der Kirche, auf der Holzbank, in der wir alle eingereiht saßen wie Schulkinder, und eine lähmende Zeremonie über uns ergehen ließen, in der Pflöcke und Knoblauch verteilt wurden zum Höhepunkt – letzterer wurde gar mancher und manchem direkt auf die Zunge gelegt – streichelte sie ausgiebig seine haarigen Beine; er war tatsächlich in kurzen Sporthosen gekommen. Aus Trotz, oder einem Anflug von Ironie. Im Winter. Bei der Kälte. Alle Macht den Signalen.

Lichtsignale wurden in die Tiefe gesendet. Die Tiefe war jetzt unbehaust. Niemand mehr da, da unten, niemand mehr da, in der Tiefe. Nun würden sie sich bald in der Welt verstreuen, manche würden nie wieder arbeiten, nie wieder arbeiten können, andere würden versuchen, in der Familie Halt zu finden. Im Grunde waren alle fertig. Waren fertig und sahen fertig aus. Und ahnten nicht, wie fertig sie erst in ein paar Jahren sein würden. Versendet, abgegraben, abgegessen, ausgelutscht. Und vergessen. Hoffen wir, dass wir das Richtige tun, sagten sie. Hoffen wir, dass wir die Anliegen unserer Klasse in die Welt tragen können. Hoffen wir, dass ein neuer Anfang gemacht sein wird.

In der Sakristei befand sich ein an der Wand hängendes Telefon, das dreimal laut klingelte – ich hob ab, Vater war dran. Woher er denn wisse, dass ich hier sei, sagte ich. Und er so: Wo ich denn sonst sein solle. Und wann ich denn kommen würde, wegen des Essens. In der Kirche, oder unten im Schacht, ich konnte das kaum noch voneinander unterscheiden, fühlte ich mich wie Batman in Transsylvanien. Ich hatte Heimatgefühle. *Und immer noch kein Zeichen von den Unterirdischen.*

Allmählich bekam ich Lust, eine zu rauchen. In der Sakristei, die so etwas wie der Backstagebereich dieser Kirche war. Ich dachte: Wie geht eigentlich Trauer? Was muss man da leisten? Nichts, die Trauer arbeitete von allein. Es war einfach Zeit, die verging. Sie verging schmerzhaft. Als die Lust verschwand und mein Kopf wieder klarer wurde, war die Trauerfeier bereits in vollem Gange. »Lobet den Herren«, rief es vorne, und ich dachte unweigerlich: Nein, *lobet* ihn nicht! Welchen Herren denn? Warum sollte man seinen Vorgesetzten loben? Was für eine devote Religion ist das, die so etwas will? Anschließend hieß es: »Ich glaube, dass Gott ... « und irgendwie ging der Satz dann weiter. Aber schon »Ich glaube, dass« klang nach einer Satzeröffnung, der kein Vertrauen zu schenken war.

Ich bekam schon wieder Lust, eine zu rauchen. Der Weihrauch bot keinen Ersatz. Hatte man in den sechziger Jahren in Kirchen rauchen dürfen? Oder sind es immer schon Nichtraucherkirchen gewesen? Und wie war das mit Sex? Ich erinnerte mich an eine weitere Nacht unter dem Dachstuhl. Es war ein komisches Gefühl gewesen, in der Nähe des Todes Sex zu haben. Es war nicht so, als ob das tragische Ereignis schattenhaft über uns hing oder wir in Anbetracht des Todes noch einmal das Leben feiern wollten; tatsächlich schien der Sex im Vergleich zu den anderen Geschehnissen ungeheuer banal zu sein. Dabei war die Leiche längst aus dem Haus geschafft worden. Dafür hatte der Bestatter gesorgt, natürlich nicht persönlich. Er hatte zwei junge Leute in einem schwarzen Kastenwagen geschickt. Ich sah auf den verschwitzten Körper neben mir, der leicht zitterte und in seiner Handtasche nach einer Münze für den Klingelbeutel suchte. Ich versuchte, mir nichts anmerken zu lassen. Immerhin hatten wir ein gutes Bild abzugeben, auf diesem Gesellschaftstermin, der auf der Tagesordnung stand.

Ich dachte darüber nach, ob es gut wäre, Kirchen umzuwidmen, sie in den Orten stehen zu sehen, ohne an Gott denken zu müssen, sondern an Tischtennisturniere, an Konzerte, an Schwimmbäder. Man könnte ein großes Ehebett aufstellen, in der Mitte dieser Kirche, anstelle des Altars, die Kerzen mit etwas Abstand, und die ganze Kirche einzeln vermieten für eine besondere Hochzeitsnacht. Ein schwarzes Ehebett. Ein Ehebett aus Stahl. Ich dachte an Albert Einstein, der Gott mit Liebe gleichgesetzt hatte. Wie es die Dunkelheit nicht gebe, da sie nur die Abwesenheit von Licht sei, hatte er geschrieben, gebe es das Böse nicht, denn das Böse sei lediglich die Abwesenheit von Gott, also der Liebe, die vom Herzen kommt oder so ähnlich, und ich dachte, dass das den Begriff auch nicht retten konnte, denn den Begriff von Gott braucht man für diese Definition von Liebe nicht. Ich dachte über die Dunkelheit nach, aus der ich gekommen war, und dass ich stets das Gefühl hatte, dass es genau anders herum war, dass nicht die Dunkelheit die Abwesenheit von Licht, die Kälte die Abwesenheit von Wärme, das Böse die Abwesenheit von Liebe war, sondern dass die dunklen, kalten, lieblosen Räume der Urgrund waren, durch die allerhöchstens Licht fallen, in denen Wärme sich ausbreiten, Liebe (durch Reibung?) entstehen konnte. Man müsste, dachte ich, wenn man schon das Wort gebrauchen sollte, so doch von Gott als dem Herrn der Finsternis reden, denn die Finsternis ist das Vorherrschende, Normale, alles andere braucht Energie und verschwindet, aber die Finsternis bleibt ewig, wie man ja wohl am Weltall sieht.

O Satan, dachte ich. Und dann dachte ich, dass meine Gottesfurcht, meine Abscheu vor der Idee eines Gottes auch mit meinem Ödipuskomplex zusammenhing, denn meine Mutter war eine nahezu fanatische Katholikin gewesen, eine Pfarrsekretärin, die sich nach ungeschriebener Vorschrift von ihrem Chef hat verführen lassen, und dass ich als Kind diesen ominösen, nirgends sichtbaren, nirgends greifbaren Gott als riesige Konkurrenz empfunden haben musste, als etwas, das zwischen mir und dem Glück stand, bevor ich herausfand, dass diese allumfassende Instanz nichts weiter als eine Schimäre war, denn sie zeigte sich nicht, nirgends, sie war ein Popanz, eine Lüge, und statt *Gotteserfahrungen* hatte ich immer nur Erfahrungen einer Gottesabwesenheit, eines *toten oder zumindest schweigenden Gottes* gemacht. Und statt einer Erleuchtung habe ich eine Verdunklung erlitten, dachte ich, während unter mir die Kirchenbank hölzern knirschte. Und wie war das mit meinem Vater? Auch mein Vater war eine Scheininstanz, eine vorgebliche Größe, aber seine Macht konnte ich akzeptieren und akzeptiere sie noch (wenn auch meist zähneknirschend), denn mein Vater war wenigstens real.

Er rauchte nicht. Er spielte Orgel. Sonntags spielte er zum Ausklang der Messe nur uns Kindern geläufige Lieder – und so, dass es kaum auffiel. Er spielte »A Forest«, er spielte »Personal Jesus«, er spielte »Temple of Love« auf der Kirchenorgel. Er hatte die ganze Woche dafür geübt. Während die älteren Leute sich bekreuzigten, um langsam die Kirche zu verlassen, und sich vielleicht über diese ihnen unbekannten, recht düsteren Töne wunderten, blieben wir wie gebannt sitzen, weil wir keine Note verpassen wollten.

Die Kirche leerte sich, draußen täuschte Sonne Sonne vor. Es war ein gemalter Sonntag, *gemalt* wie in *Bademantel*. Die längste Nacht lag endlich hinter uns. Eine Frau trug ein übergroßes Halstuch, über das ich fast gestolpert wäre. Es war selbstredend schwarz. Mein Telefon klingelte, jemand mit unterdrückter Nummer, ich sah skeptisch aufs Display, ging nicht ran. Die Handlung konnte beginnen. Wo war hier die Wildnis? Ich sah nur zurechtgestutzte Hecken und Beleuchtung. Und wohl verpackte Menschen. Ich spürte einen stechenden Schmerz. War das die Trauer oder war es etwas anderes? Es wäre so cool, wenn sie fortbleiben würde, dachte ich. Die Trauer. Die Traurigkeit. Ich rostete ein. Ich hatte Fehler gemacht. Ich hatte immer noch diese blöde Schwermut, allerdings hatte ich die auch schon, als ich zwanzig war. Fünfzehn. Zehn. Vielleicht hatte ich diese blöde Schwermut ja auch schon immer.

Es begann zu schneien.

Milena saß auf der Kirchhofmauer, die Beine übereinander geschlagen. Sie trug ein schwarzes Winterkleid, in dem sie wie eine italienische Filmschauspielerin aus den sechziger Jahren aussah. Es verschlug mir den Atem. Die Wolkendecke hatte sich zugezogen, der Schnee rieselte ansprechend und leise. Ich fror und versuchte gleichzeitig, cool zu bleiben. Zur Begrüßung gab es eine leicht distanzierte Umarmung. Ich setzte mich neben sie. Ich schaute in meine Hände, um eine Erinnerung an die letzte mit ihr verbrachte Nacht herauf zu beschwören, aber es war schon zu lange her. Ich fragte mich, ob ich nicht längst dabei war, ein Gefühl für sie zu entwickeln, das mehr wollte als diese seltsame Geschichte, die hinter uns lag. Der Ehebruch, die Verzögerung, all das. Frau Kundera sah mich kritisch an und sagte, sie habe fast eine halbe Stunde auf mich gewartet.

Draußen vor der Kirchentür, im gleißend hellen Licht, musste ich sie mit Leuten fotografieren, die ich nicht kannte. Sie küsste ihren Mann, als er aus der Kirche kam, und dessen Idee dieser Ausflug ins Umland ja ursprünglich einmal gewesen war. Sie küsste also ihren Mann, was ich so zum allerersten Mal sah. Eine schockierende Handlung, sollte man meinen, aber ich sah sie mir an wie einen Filmausschnitt; was ich dabei im Hinterkopf hatte: Schmerzen. Eine gewaltige Dunkelheit. Eine verspannte Seele. Ich mag keine Abschiede. Die Kameras waren auf sie gerichtet, der Rechtsanwalt ließ von ihr ab, redete mit dem hinzutretenden Gespenst, das mir einen mitleidigen Blick gab. Ich trat mutig auf M. zu, schloss sie ein letztes Mal in die Arme und sagte, wir sehen uns. Wenn nicht hier, dann woanders.

Nachweise

Die Suche nach dem Glam: Geschrieben in Berlin, Februar 2008 – Oktober 2016. Teile zuerst in: *Edit* 48. Diese Version beinhaltet Passagen aus anderen Texten, die u.a. zuerst in der *taz* erschienen; der Rest entstand im gleichnamigen Blog.

Tengo Que Acer Agunas Compras: Berlin, Juni 2011 – November 2016. Zuerst als Blogtext für superdemokraticos.com, dann in *Randnummer* 5. Überarbeitete und mittels Blog erweiterte Fassung.

Gotische Novelle: Berlin, Dezember 2016.

Ich glaube nicht an Abschiede: Berlin, April 2012 – Dezember 2016. Zuerst als Blogtext für superdemokraticos.com, dann in: *perspektive* 71. Erneuerte und erweiterte Fassung.

Danke
Hartmut Abendschein, Simone Kornappel, Ralf B. Korte, Rery Maldonado, Nikola Richter, Ulrike A. Sandig.

René Hamann, geboren 1971 in Solingen, Abitur in Emmerich, abgebrochenes Studium in Köln, lebt und arbeitet als Journalist und Autor in Berlin. Zuletzt erschien sein dritter Gedichtband „Wart und Gegenwart" in der Parasitenpresse Köln. Daneben erschienen zwei Romane, zahlreiche Erzählungen und ein Hörspiel an anderen Publikationsorten. Sein Blog hieß DIE SUCHE NACH DEM GLAM und wurde am 23. August 2017 eingestellt.

edition taberna kritika

Neuerscheinungen 2016/17

Derek Beaulieu

Konzeptuelle Arbeiten

ISBN 978-3-905846-45-4

Christian de Simoni

Das Rigilied

ISBN: 978-3-905846-44-7

Hartmut Abendschein

nicht begonnenes fortsetzen

ISBN 978-3-905846-43-0

Christina C. Messner

to shake shake shake

ISBN 978-3-905846-42-3

Robert Musil

Über die Dummheit

ISBN 978-3-905846-41-6

Giorgio Caproni

Il seme del piangere / Die Saat des Weinens

ISBN 978-3-905846-40-9

edition taberna kritika
Gutenbergstrasse 47
CH - 3011 Bern
Tel.: +41 (0) 33 534 9 308
info@etkbooks.com | http://www.etkbooks.com